图书在版编目（CIP）数据

感觉运动同步能力及脑间同步机制研究：以周期性项目运动员为例 / 文世林著 . -- 北京：中央民族大学出版社，2025.1. -- ISBN 978-7-5660-2451-0

Ⅰ. G804.21

中国国家版本馆 CIP 数据核字第 20248EN748 号

感觉运动同步能力及脑间同步机制研究——以周期性项目运动员为例

著　　者	文世林
策划编辑	赵秀琴
责任编辑	陈　琳
封面设计	舒刚卫
出版发行	中央民族大学出版社
	北京市海淀区中关村南大街 27 号　　邮编：100081
	电话：（010）68472815（发行部）　　传真：（010）68933757（发行部）
	（010）68932218（总编室）　　（010）68932447（办公室）
经 销 者	全国各地新华书店
印 刷 厂	北京鑫宇图源印刷科技有限公司
开　　本	787×1092　1/16　印张：12.5
字　　数	166 千字
版　　次	2025 年 1 月第 1 版　2025 年 1 月第 1 次印刷
书　　号	ISBN 978-7-5660-2451-0
定　　价	63.00 元

版权所有　翻印必究

教育部人文社会科学研究项目：
周期性项目运动员的感觉运动同步能力特征及脑间同步机制研究

感觉运动同步能力及脑间同步机制研究

——以周期性项目运动员为例

文世林 / 著

中央民族大学出版社
China Minzu University Press

序

　　感觉运动同步（sensorimotor synchronization，SMS）指个体动作对外界可预测的事件、节奏在时间上的协调，是影响动作行为、完成节律性动作（如走路、跑步），以及优化运动技能表现的重要认知能力，同时影响着音乐、语言等技能的发展，也是与他人建立更复杂、更灵活的社会互动的基础。虽说该能力的发展在人的7—8岁时已经接近完成，但经常进行节律性动作也会对之产生正向迁移作用。

　　周期性运动项目指动作结构单一、固定，且需多次重复，以竞速为主的运动项目。从事周期性运动项目的运动员比常人有更加敏锐的深度知觉、空间记忆知觉、方位知觉、速度知觉等。在周期性运动项目中，SMS能力体现在运动员的节奏能力上，良好的节奏能力可以节省运动能量，提高运动表现，是运动员竞技能力构成的关键因素之一。在周期性项目训练及比赛的过程中，时间间隔的感知能力往往是节奏能力的关键；同时，在运动过程中既需要保持相对稳定的间隔，也需要根据外部环境及时修改、调整节奏。从这个角度来看，可以认为，感觉运动同步表现为对何时、如何发出运动指令进行持续调整的一个过程。它的加工过程体现为对节律性的外界节奏刺激进行有规律的响应，在多种刺激中进行筛选、调整、适应和同步。像节拍器一样同步进行有节奏的敲打动作包含了感觉运动系统交互的重要组成部分，比如时间感知、预测、稳定，错误校正等，但这些组成成分的人群差异还不得而知。

音乐家、舞蹈者、运动员等人群的 SMS 能力优于普通人，这种 SMS 能力的提升源于对节奏出现时间间隔的感知估计能力得到了增强。如果在既定刺激间隔中加入额外的刺激或动作，同样会提升 SMS 能力，这是因为分节刺激的加入减少了对刺激间隔的低估。但当每小节时间短于一定长度，SMS 任务表现反而会出现降低的趋势，通常 SMS 能力越强，这种降低的幅度越小。同时，社会互赖理论认为互赖与合作密不可分，互赖信息的数量与合作程度正相关。SMS 任务表现在信息的单、双向传递下的结果并非绝对，但尚未有研究报道人群间在单、双向条件下任务表现的差异。

近几十年来，认知神经科学对"运动员脑""运动促进认知发展"的研究取得了显著的成就，但目前的研究几乎局限于个体层面的神经活动。社会交往中至少包含两个独立个体，而传统的方式只涉及对个体神经内部进行研究，没有考虑到在交往过程中个体神经的相互活动。"超扫描（hyperscanning）"指同时记录社会互动中两个或多个个体的脑间活动，通过分析脑间活动与行为指标的关系揭示社会互动中的脑间机制。脑间同步与行为同步的关系是超扫描范式研究的热点问题。在社会交往中，动作同步（不限于感觉运动同步，比如动作模仿）与脑间同步可能存在一定的关系，动作同步可能诱发脑间同步，但这一机制尚不完全清楚，且目前暂无相关学者对"运动员群体（或高体能水平人群）与一般人群脑间活动的差异"进行研究。

基于此，课题组对周期性项目运动员的 SMS 能力及其脑间同步是否具有特异性特征这一问题进行了探索。具体的研究内容包括如下几个部分：

第一，探索周期性项目运动员感觉运动同步能力特征。在不同的任务条件下，人们所表现出来的感觉运动同步能力是存在差异的，以往的研究发现任务的间隔频率、敲击比率、信息流传递方向等因素对同步表现都有影响。因此研究设计了如下内容：不同间隔频率的任务，以比较任务中体现感觉运动同步能力的平均异步性与同步稳定性两个指标的差异；双人不同比率敲击任务，以比较任务过程中两组人群出现细分代价的频率的差异；不同信息流传递方向条件任务，以比较两组人群在任务过程中同步能力的差异。

第二，探索周期性项目运动员感觉运动同步加工机制特征。感觉运动同步加工过程包含时间感知、稳定，错误校正等成分，这三种成分只有协同作用，才能实现良好的同步表现。但不同人群在完成同步任务时对这三种成分的依赖程度不同，且相同人群在完成不同类型同步任务时对这三种成分的依赖程度也存在差异。研究将使用间隔时间误差评价时间感知能力，使用间隔时间稳定性评价时间稳定能力，使用相位校正系数评价错误校正能力，并通过分析两组人群在不同任务中三项指标与同步表现的关系来探讨其感觉运动同步任务中加工处理机制。

第三，探索周期性项目运动员感觉运动同步脑间机制特征。通过fNIRS超扫描范式对周期性项目运动员在不同频率条件脑间同步任务过程中的脑间同步特征，不同比率条件脑间同步任务过程中的脑间同步特征，以及信息流单、双向传递条件脑间同步任务过程中的脑间同步特征进行探索，并通过对脑间同步数据和行为数据做相关分析，探寻周期性项目运动员产生脑间同步的神经机制。

通过上述行为实验，课题组发现：周期性项目运动员的感觉运动同步能力与一般人群相比存在显著差异，运动员人群在同步过程中存在行为优势，在对时间的精准程度及稳定程度的把控上做得更好。同步能力上的差异主要是时间稳定能力的差异造成的。两组人群在这类较长间隔的任务中保持同步能力的机制相同，都是通过尽量保持相对稳定的敲击间隔时间来实现的。在较短间隔的任务中，一般人群需要利用意识不断校正，才能保持较小的平均异步性；但运动员组不依靠此机制，就可实现较好的同步。基于功能近红外技术（fNIRS）的超扫描实验的结果显示：周期性运动员的右侧额中回和左侧额上回出现了更强的脑间同步，且感觉运动同步的行为表现与脑间同步存在一定的相关性。

上述结果很好地回答了研究问题：周期性项目运动员的 SMS 能力及其脑间同步具有特异性。研究结果对训练实践具有一定的实践指导意义，对于制定增强感知觉能力个别化训练计划、解决在某些训练实践中遇到的难以攻克的"平台效应"等问题具有一定的指导价值。

研究工作的出色完成得益于笔者的研究生们的共同努力。其中，第一部分内容由戴声豫（2020级）协助完成，主要从行为学的角度探讨了不同敲击比率和单、双向条件下感觉运动同步能力的人群差异；第二部分内容由袁浩腾（2020级）协助完成，检验周期性项目运动员不同敲击比率任务中感觉运动同步与脑间同步的关系；第三部分内容由王子鑫（2019级）协助完成，从不同间隔时间任务的角度检验周期性项目运动员不同时间间隔任务中感觉运动同步能力与脑间同步的关系。

最后，笔者由衷地感谢上述三位同学对本研究付出的智慧，赞叹他们在科学研究中表现出的极大热情，以及在遇到问题时表现出的坚韧不拔的精神。感谢湖南科技大学教育学院和体育学院的老师和同学们，不仅为课题组提供了设备、场地支持，还为实验提供了充足的受试者。感谢北京师范大学学习与脑认知实验室的牛海晶教授和贾高鼎博士为实验数据处理提供了技术支持。感谢北京飞宇星科技有限公司的工程师提供的咨询服务和技术支持。特别感谢中央民族大学出版社社长赵秀琴先生和笔者的同学钟红燕博士为拙著的出版提供的支持和帮助。

目　录

第一部分：周期性项目运动员的感觉运动同步能力特征行为学实验研究　/ 1

一、研究背景　/ 2

二、研究目的　/ 3

三、研究意义　/ 3

四、研究任务　/ 4

五、文献综述　/ 5

六、研究对象、方法与技术路线　/ 14

七、研究一：不同敲击比率下高、低有氧体能水平男大学生感觉运动同步能力的差异　/ 16

八、研究二：单、双向条件下，高、低有氧体能水平男大学生感觉运动同步能力的差异　/ 34

九、总讨论　/ 47

十、结论与展望　/ 49

十一、参考文献　/ 50

第二部分：周期性项目运动员在不同敲击比率任务中感觉运动同步能力特征及脑间同步机制研究　/ 65

一、研究背景　/ 65

二、研究目的　/ 67

三、研究意义　/ 67

四、研究任务 / 68

五、文献综述 / 69

六、研究对象与方法 / 78

七、研究一：高、低有氧体能水平大学生在双人敲击任务中行为表现 / 80

八、研究二：高、低有氧体能水平大学生在双人敲击任务过程中脑间同步特征 / 95

九、高、低有氧体能水平大学生在双人敲击任务过程中行为表现与脑间同步相关性分析 / 107

十、总讨论 / 112

十一、结论 / 115

十二、参考文献 / 115

第三部分：周期性项目运动员在不同间隔时间任务中感觉运动同步能力特征及脑间同步机制研究 / 126

一、研究背景 / 127

二、研究目的 / 128

三、研究意义 / 128

四、研究任务 / 129

五、文献综述 / 130

六、研究对象与方法 / 145

七、研究结果 / 153

八、讨论 / 159

九、结论 / 169

十、参考文献 / 169

第一部分：周期性项目运动员的感觉运动同步能力特征行为学实验研究

本部分内容包括两项行为学实验，分别从不同维度探讨周期性项目运动员的感觉运动同步能力特征。其中一项研究为不同敲击比率下高、低有氧体能水平男大学生感觉运动同步能力的差异，通过1∶1、1∶2及1∶3三种不同敲击比率，基于手指敲击任务，检验高、低两种有氧体能水平人群在三种敲击比率任务中表现出的特征和差异。另一项研究则为单、双向条件下高、低有氧体能水平男大学生感觉运动同步能力的差异，通过单向和双向条件任务，检验高、低两种有氧体能水平人群在单、双向任务中表现出的特征和差异。课题组采用点击异步性均值、敲击同步稳定性、平均敲击反应间隔时间、平均敲击反应间隔时间误差、平均敲击反应间隔时间稳定性这五个指标来评价周期性项目运动员的感觉运动同步能力，获得在该指标上的同步性能，并比较高有氧体能人群与低有氧体能人群感觉运动同步能力的差异。实验结果显示：高有氧体能人群的感觉运动同步能力与低有氧体能人群存在差异；高有氧体能人群在同步过程中存在行为优势，在对时间的精准程度及稳定程度的把控上做得更好。上述两个行为学研究为进行脑间同步机制研究奠定了基础。

一、研究背景

随着当代经济的不断发展和科学技术的迅猛提升，各国的综合实力也在不断提高，各种高科技装备层出不穷，如无人机、红外夜视仪等。士兵在战场上拼刀枪、队列互射弓箭的作战方式似乎只能在冷兵器时代被见到。可是，为什么现在的军人每天还要练习整齐的步伐？为什么人们在听到感兴趣的歌曲或者音乐节奏时，会情不自禁地随着音乐摇动头部、拍手或唱？为什么在体育运动中，无论是赛艇、广场舞、太极拳，还是拉丁舞，人们都能够保持动作的一致性？

在复杂的日常生活环境中，人们经常会自觉或不自觉地调节自己的行为，使自己与周围的环境保持一致，研究者将上述行为、动作界定为感觉运动同步。感觉运动同步普遍存在于各种社会情境中，并且在社会文化中起着举足轻重的作用。人们对感觉运动同步的认知和研究吸引着众多领域的研究者，随着感觉运动同步研究的不断发展，其时间加工特征（如旋律、节拍）及引起的行为响应也逐渐受到人们的关注[1]。

在体育运动过程中，对外部信号刺激的有效反应，包括协调素质中的节奏和时间感知能力是学习和运用运动技能的基础环节，感觉运动同步能力的好坏是影响人们学习运动技能和人们的运动能力的重要因素。以往的研究也表明：有舞蹈经历的人对节拍的反应比较灵敏，能够更快速、更精确地完成动作与节拍的配合[2]；对运动员进行感觉运动同步训练可以提高运动员的专项运动能力[3]。因此，了解感觉运动同步的加工过程是改善运动能力的关键环节之一，虽然这项能力非常重要，并且已有120多年的研究历史，但是其作用机理尚未被完全阐明，并且体育锻炼或有氧体能能否反过来促进感觉运动同步的发展尚不清楚。

因此，本书通过对比高、低两种有氧体能大学生在感觉运动同步过程中的行为表现，从不同层面证实高、低有氧体能水平大学生感觉运动同步能力的差异性。探究高有氧体能人群感觉运动同步的优势有助于探究高有氧体能人群的运动技能特征，在提高竞技运动成绩、改善动作协调能力、科学指导大众健身等方面均具有重要意义。

二、研究目的

感觉运动同步是完善体育运动技能的重要能力，也是决定动作协调的关键，但动作协调与外界环境交互作用的优势特征及机制尚需进一步探讨。感觉运动同步的相关研究越来越受体育学、心理学等学科的关注，但有氧体能对感觉运动同步影响的研究较少。本研究采用直接方法（1000米跑成绩）和间接方法（测定生理学指标），将大学生分为高有氧体能组和低有氧体能组。基于手指敲击任务，并使用Matlab程序记录不同间隔任务中两组人群的行为表现，以不同的有氧体能人群为研究对象，通过单、双向条件和不同频率条件敲击任务分析有氧体能水平是否会对感觉运动同步能力产生影响，揭示高有氧体能大学生和低有氧体能大学生感觉运动同步能力的差异性，并分析在何种水平的任务中会得到表现及从何种维度产生这一影响，为提高运动训练效果及优化运动技能提供理论依据，为体育工作者指导不同运动水平人群提供一定的参考。

三、研究意义

（一）理论意义

在查阅相关文献之后，发现不同有氧体能人群感觉运动同步差异的研究比较少。以往的研究发现，舞蹈经验可以促进个体在节奏感知相关任务中的表现，有舞蹈经验者的感觉运动同步表现明显优于无舞蹈经验者。而体育舞蹈是一项体育与舞蹈艺术结合的竞技运动，是协调外界刺激和肢体动作最突出的项目之一。从行为学角度看，本研究通过分析高、低有氧体能人群在双人感觉运动同步任务中的表现，不仅有助于探寻有氧体能对感觉运动同步能力的影响，为有氧体能促进认知功能提供证据，而且在促进运动技能形成上具有一定的指导作用；本研究对感觉运动同步研究起到了一定的补充作用。

（二）现实意义

有研究指出，节奏中时间模块的信息加工过程是人类特有的，在竞技运动赛场上有效地响应来自外界刺激的同步信号是实现运动技能的基本环节，而体育运动是协调外界刺激和肢体动作特点最突出的项目之一。体育运动需要一系列的动作协调参与，涉及与感觉运动同步和动作执行相关的大量感知运动过程，对提高个体动作协调能力具有重要作用。但目前对体育感觉运动同步优势的行为特征和认知加工机制尚不清楚。

因此，本研究通过对比高、低两种有氧体能人群在感觉运动同步过程中的行为特征，考察高有氧体能人群感觉运动同步优势，揭示不同有氧体能对感觉运动同步的影响，在提高竞技运动成绩和动作协调能力、科学指导大众健身等方面均具有重要意义。

四、研究任务

通过行为实验来探讨不同有氧体能人群感觉运动同步表现的差异，并通过单、双向条件敲击任务探讨有氧体能对感觉运动同步的影响。

通过行为实验来探讨两种人群在节拍器频率为 1 Hz 时，与节拍器进行 1∶1、1∶2、1∶3 的比率敲击的情况，观察不同敲击比率下感觉运动同步能力的差异。

五、文献综述

（一）有氧体能

有氧体能（aerobic fitness 或 endurance fitness）指尽可能长时间地维持肌肉力量或速度输出的能力[4]，也被称为心血管适能（cardiovascular fitness）[5]。良好的有氧体能往往通过有规律的体育锻炼来获得。大量的研究显示，有规律的体育锻炼和良好的有氧体能有助于提高各年龄组人群认知功能的发展，默认网络的功能连接及学习能力。从微观上看，肌体进行长期的体育锻炼能改善神经系统的调节功能，通过运动增强心肺功能，促进脑部血流增加、氧合血红蛋白数量增长，改善血液循环系统，进而优化大脑的功能，促进一些认知功能的发展。

Hillman 等将受试儿童分为高、低两种有氧体能人群，研究发现，有氧体能能塑造其认知过程及神经基础，高有氧体能儿童比低有氧体能儿童可表现出更强的注意能力。有氧体能训练不仅是改善身体健康情况的重要方法，而且是改善认知健康情况的一种手段[6]。Hillman 等研究发现，高有氧体能与神经认知功能的变化有关。有氧体能与儿童注意力、工作记忆的神经电指数及反应速度呈正相关，也与认知处理速度有关。因为在刺激辨别任务中，高有氧体能儿童比低有氧体能儿童表现出更有效的神经电特性。高有氧体能儿童在反应时间和反应准确性的行为测量方面也表现得更好。在行为上，高有氧体能儿童对目标刺激的反应更快，具有更快的信息处理速度[7]。这可能缘于工作记忆的注意力资源分配更大，Kramer 的类似研究也论证了这一观点[8]。Haapala 认为有氧体能和运动技能在儿童时期的认知发展中起着重要作用。研究发现有氧体能与儿童的学业成绩有关，高有氧体能和运动技能可能有利于认知发展和学习成绩提高，高有氧体能儿童有更大的皮层下大脑结构，认知任务中更有效的大脑激活和神经电效率，优越的抑制控制、工作记忆、注意力和更好的学习表现[9]。Castelli 等研究发现身体健康水平较高的孩子有可能在阅读和数学方面有更高的标准化测试分数。具体来说，有氧健身与学业成绩、阅读成绩和数学成绩呈正相关[10]。这为高有氧体能儿童有可能在标准化学业成绩测试中表现得更好的观点提供了普遍支持。

其他研究也阐述了关于有氧体能与老年人脑组织的结构和认知功能的变化问题。Albinet等研究发现，高有氧体能女性的氧合反应显著增加了左、右前额叶皮质的反应，而低有氧体能女性的右前额叶皮质激活明显低于高有氧体能女性。高有氧体能女性大脑前额叶皮质表现出更高氧合反应水平，这就表明：老年女性的脑功能与前额叶皮层的脑氧供应增加有关，从而维持更好的认知表现[11]。Weinstein等发现有氧体能可增加老年人多个脑区灰质的体积，研究证明了大脑前额叶皮质中更大的灰质体积介导了有氧健康水平和执行功能之间的关联，包括抑制控制和空间工作记忆[12]。Boots等也研究发现有氧体能能增加阿尔茨海默病人群相关脑区灰质的体积[13]。Voss等通过实验也表明有氧体能可提高默认网络的功能连接[14]。

（二）感觉运动同步

1. 感觉运动同步概念

感觉运动同步指个体产生的行为动作对外界可预测的刺激或节奏在一定的时间节点上协调配合的过程[1,15,16]，被认为是一项重要的认知能力[17]。在现实生活中，两人并排行走时，行走节奏会由不同步逐渐转变为同步[18]，一些团体的项目，如音乐合奏和赛艇比赛则需要个体保持更精细的同步行为[19,20]。个体出现精细的同步协调行为的能力是建立社会互动的基础[21]，能使个体产生与他人的亲近感及亲社会行为[22,23]。感觉运动同步的表现形式多为声音模式。在跳舞的过程中，有的人会跟不上音乐的节奏或提前做出动作，有的人则能较好地跟随音乐节奏，这就体现了个体感觉运动同步能力的差异性。通常，在感觉运动同步过程中，个体的行为动作和外部刺激都会发生周期性的改变，而对外部刺激的预测往往来源于它自身的规律循环。因此，时间节律上的协调是感觉运动同步的重要影响因素之一，这一同步机制也是日常行为动作和节奏相关活动的重要基础[2]。

有研究认为，感觉运动同步在人的婴儿时期就已经出现，可能是人的自发能力。婴儿和蹒跚学步的孩子在接触听觉节奏时很容易同步[24]。已有研究文献表明，幼儿在4岁之前无法与节拍器或音乐节拍同步，更小的孩子却在接触到音乐之后，更容易倾向于与节奏同步[25]。Zentner和Eerola发现，5—24个月的婴儿在听音乐或受到节奏刺激时会产生更多的自发性运动。当听觉节奏刺激变得更快，婴儿的动作节奏同步也更快，当他们的运动节奏更接近刺激节奏，他们会表现出更多愉快的微笑[26]。由此可见，感觉运动同步能力对外界信息的协调同步、预测动作节奏等都起着重要作用。因此，了解感觉运动同步的加工机制是改善动作协调能力重要的部分。

2. 异步性与同步稳定性

在考察感觉运动同步能力中，手指敲击范式由于具有任务简单、易操作的优点，已成为最常用的范式，参与者被要求手指点击与同步的信号序列同步[27]。手指敲击与外部刺激节奏（通常是由计算机控制的）同步可为探究个体行为动作与外部节奏刺激交互作用提供一种有效方法。在手指敲击任务中，使用敲击时间点与外部节奏刺激的时间点作为重要的结局指标，并以此分析感觉运动同步的行为学特点[28]。异步性和同步稳定性是评价感觉运动同步能力的重要指标，异步性使用点击作为响应感觉运动同步研究中的基本数据。异步性指个体敲击的时间点与外界节律刺激在开始的响应时间上的差异，根据二者时间点的差值进行计算。异步法的标准差是稳定性的一个指标，即同步稳定性。任务过程中异步性的标准差越小，则感觉运动同步越稳定。

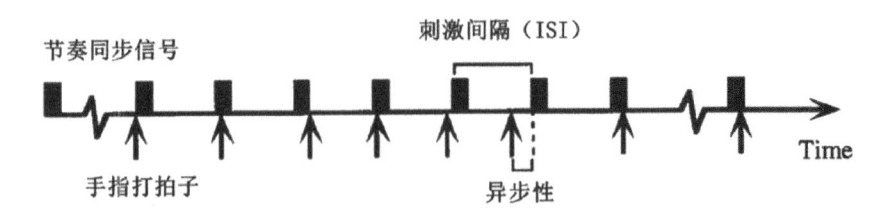

图 1　手指打拍子任务中的异步性特征（Aschersleben，2002）

异步性在很大程度上取决于进行研究的实验条件，但个体间也存在很大的差异。点击方式的不同也会影响异步性结果，手指敲击的幅度及施加的力量会对异步性的大小产生一定的影响，人们的动作模式也会有所不同。Van Noorden选取600名3—11岁的儿童，让孩子们听五种不同节奏下的熟悉的音乐，结果发现最小的孩子通常以2 Hz的频率持续敲击，并不适应音乐的节奏，但在5岁及以后，孩子对节拍敲击的适应能力明显增强[29]。有研究发现，异步性与同步稳定性存在人群差异，相比于未受过音乐训练的人，将演奏乐器作为业余爱好的人表现出的异步性小。当受过音乐训练的学生被要求同步他们的点击与听觉起步信号，表现出的平均异步性会更小。尽管如此，没有人做到精确同步或延迟。专业音乐家的平均异步性甚至更小，他们偶尔能够精确地进行同步敲击[30]。对于一些特殊人群（例如发育协调障碍者、语言障碍[31]及朗读困难者[32]），他们的异步性和同步稳定性都表现出一定的差异性[28]。（见图1）

3. 信息处理理论

在感觉运动同步实验研究中，简单的手指敲击任务至少可以追溯到Stevens在1886年的实验研究[33]，已经成为对动作控制和时间刺激感兴趣的心理学家和神经科学家的流行工具。手指敲击范式可分为两种类型的任务：一种为延续性范式。在延续范式中，受试者需按照实验要求，跟随系统节拍器预定的节奏速率进行同步敲击。即在受试者执行任务时，系统节拍器会提供一段时间的节奏；当节奏停止，受试者则按照之前的节奏继续保持敲击，直到此任务结束。另一种为同步性范式。在同步范式中，受试者需按照实验要求，跟随系统节拍器非预定的节奏速率进行同步点击。即在受试者执行任务时，系统节拍器的节奏可能是等时或非等时的；受试者保持同步敲击，直到实验结束[34]。在手指敲击任务中，受试者为实现与节拍器节奏同步，往往需要不断地对自己敲击的时间进行校正，信息处理理论就是通过对这种校正机制进行研究而得出的。

信息处理理论常用于处理以离散时间序列表示的响应，侧重于对时间误差进行内、外部周期的校正。此外，信息处理方法旨在描述行为背后的假设内部过程[1]。由于点击一个表面会发生离散事件，大多数使用该范式的研究人员都采用了信息处理的视角。Wing等[35]提出了一个简单的时间模型，来解释同步—延续实验中的可变性，通过Morse键敲击任务的数据来预测连续响应间隔之间的依赖关系，采用一种利用响应间隔之间的一阶序列相关性的方法来区分由计时过程引起的方差和在计时器之后的运动响应延迟的方差，并将这两个量作为平均响应间隔的函数进行检验。Wing等研究了响应间隔均值和方差之间的关系，为了解释所观察到的功能，他们通过实验研究提出了一种具有两个不同过程的离散响应的计时机制，根据这两个分量，观测到的区间被描述为 $I_j = C_j + D_j - D_{j-1}$（见图2）。这种连续间隔之间的负依赖性来自存在相等的运动延迟项。该模型表明，如果滞后时间大于1，自相关就会消失。这两个预测在一系列的实验中得到了成功的验证。

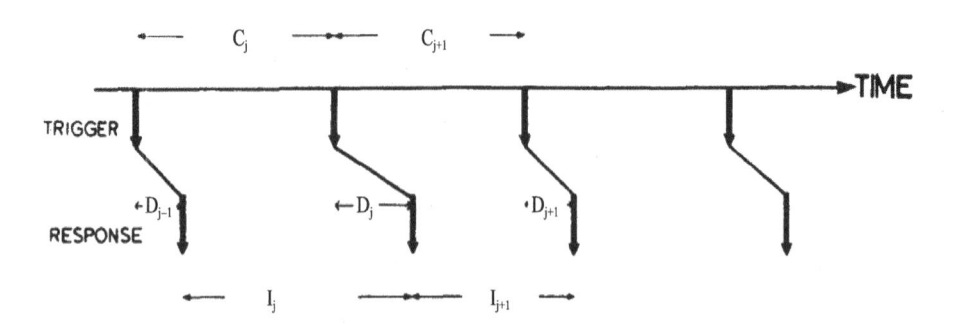

图2 敲击间隔组成成分示意（TRIGGER 表示内部计时器发出运动指令的时间点，RESPONSE 表示敲击时间点，C_j 表示内部计时器第 j 个间隔的时间，D_j 表示内部计时器在结束第 j 个间隔后从发出运动指令到完成敲击间隔的时间。Repp，2005）

4.相位校正与周期校正

关于感觉运动同步的一个基本观点是：它如果没有误差纠正，就不能持续下去，即使点击开始时没有任何异步，并且以完全正确的平均速度持续下去。在没有错误校正的情况下，任何周期性运动的内在变化都会表现为从点击到点击的积累，而大异步的概率也会稳步增加。误差校正则是一种重置机制[36,37]。事实上，大多数人的点击预期会发生错误，但没有偏离刺激时间，这为错误纠正过程提供了支持。基于信息处理理论，研究者们从敲击任务中确定了两种形式的误差校正机制，分别是相位校正机制和周期校正机制。误差校正的研究通常使用扰动任务，在时间规则的音调呈现时，在音调的周期或阶段中引入不可预测的变化。扰动实验目标是引起内部振荡器的相位或周期的相应变化[38-40]。有研究表明，感觉运动同步是由两个错误纠正过程（相位校正和周期校正）共同控制的，这两个过程认知控制程度的不同可能与不同的大脑回路有关。它们证实了行动调节的潜意识机制、涉及知觉判断和行动计划的意识过程的一般区别[1]。区分这两种校正过程则需要通过改变同步敲击任务中的刺激开始间隔（ISI）来进行，需直接控制刺激开始与刺激开始的关系[40-44]。

相位校正是一个自动的过程，不影响节拍器的节奏，体现的是对内部计时器局部相位的调整，其整体的周期不会发生相应的改变[45]。相位校正可以基于感知到的异步，也可以基于对前一个刺激和前一个点击的相位重置的混合。周期校正通常是有意识的，个体能有意识地改变外部节奏。周期校正可以基于感知到的反应间隔（interonset interval，IOI）持续时间与内部计时器周期的比较[46]，或基于感知到的异步[47]。Repp等[40, 42, 45]经过研究，也得出这样一个结论，即相位校正是快速、自动的，而周期校正至少部分依赖节奏变化意识。Mates将相位校正模型与周期校正模型结合，根据该模型将中心计时器周期按前一周期与IOI之间的差值的比例进行调整。这个双过程误差修正模型的重点是相位校正保持计时器周期不变[46, 48]。绝对的时间分离是决定因素，都参与了相位校正过程[49]。根据后面的实验数据，在稳定的感觉运动同步过程中，无论是相位校正系数，还是周期校正系数，通常都介于0.2和0.8[50]。有研究表明，局部扰动序列的SMS与未扰动或连续扰动序列的SMS具有不同的相位校正过程，连续且随机扰动序列的相位校正不如等时序列同步。Jacoby等[51]提出了以有界广义最小二乘法来计算模型参数的方法。此方法体现为基于矩阵符号重写同步模型，为使用线性代数技术提供了一种有效的迭代算法，适用于任何类型的同步序列，并且比以前的方法更快、更可靠[52]。

5. 不同敲击比率下的感觉运动同步

关于感觉运动同步的研究经常集中在以手指敲击由音调或点击组成的听觉序列任务上。而且，感觉运动同步任务也有很多形式：不同形式的运动、不同的刺激方式及不同形式的协调[1]。有研究发现，相比于视觉刺激信号，受试者在听觉刺激序列进行同步手指敲击时行为结果更加准确[28]。Reep认为具有等时听觉序列的感觉运动同步只能在一定的频率范围内或序列IOIs内实现[1]。此外，手指敲击任务通常表现为每秒5—7次，相当于150—200毫秒的敲击间隔（intertap intervals，ITIs）[53, 54]。有研究发现，受试者能够以一致性的方式进行同步是有限制性的。对不熟悉感觉运动同步任务的成年人来说，反应间隔下限在200毫秒左右[55]。而对于受过音乐训练的人群，这个限制（同步阈值）通常在100毫秒和120毫秒之间[50]，一旦低于这个限制，参与者将无法感知是否同步。然而，在节拍器时间少于1秒时，未经过音乐训练的人同步的结果也将变得更具差异性[56]。Fraisse以一位训练有素的音乐家为实验对象，采用双手交替轻拍的方式，能够以1∶1的模式同步到100毫秒的IOI速度[55]。

有研究表明，点击的异步性会随着节拍器IOI的增加而增加[57]，并存在一些非线性关系[50]，点击变异性通常与IOI成正比，这表明点击变异性与IOI的关系遵循韦伯定律[58]。在执行1∶1敲击任务中，随着IOI持续时间从600毫秒增加到1000毫秒，受试者的异步性也会增加[59]。Zendel使任务中的持续时间从260毫秒增加到1560毫秒，也证明了相同的观点[60]。Repp使用1∶n的点击任务发现，对于低于200—250毫秒的IOI，与1∶1的点击相比，1∶n的点击可增加，而对于超过200—250毫秒的IOI，点击可变性降低[50]。在1∶1的点击任务中，不可能确定异步性和可变性的增加是由于IOI或ITIs的增加。为了研究IOI和ITIs的单独影响，需操纵其中的某一个因素，另一个因素则保持不变[61]。少量研究调查了敲击表现如何变化，并通过改变点击比例来实现1∶n次点击[50, 62]。

（三）感觉运动同步在体育领域的应用

随着感觉运动同步的研究不断发展并深入，越来越多的研究对体育领域进行了探讨。熟练的体育活动需要复杂的连续运动，这些运动跨越多个感觉运动效应器，并依赖能够在毫秒范围内产生定时和快速动作的神经机制[63]。Egan等发现视觉和运动系统之间的精确集成对于足球运动的计时至关重要[64]。为了使动作与外部信号刺激同步，较好的信号与运动的整合也十分重要[28]。研究发现，有舞蹈基础的人总会对节奏刺激更加敏感，能更快、更准确地实现动作与节奏的协调[65]。Miura等以街舞人群为实验对象，也论证了这一观点。街舞锻炼可以提高感觉运动同步能力。技能水平越高，感觉运动同步表现越稳定，同步准确性越高[66]。

尽管有研究认为"良好的计时技能"对于最佳的运动表现至关重要，但关于特定的运动技能如何从计时训练中获益，也是一个值得思考的重要问题。有研究认为，计时在产生协调的运动动作中是至关重要的[67-70]，运动规划需要注意力、感觉整合、同步和计时的结合[71]。为了获得良好的感觉运动同步能力，个体必须精确地控制外界信号刺激响应的时机。感觉运动同步能力也是协调运动动作的一个重要组成部分。Sommer认为提高感觉运动同步能力能对动作技能实施的准确性和完成的质量产生积极影响[72]。值得注意的是，在体育领域，有学者提出了同步节拍器训练（synchronized metronome training，SMT）这一概念，即训练人的上、下肢运动协调等目标行为与外界提供的听觉目标信号刺激同步[72]。Sommer为了调查同步节拍器训练对运动计时的影响，以及这种训练如何影响高尔夫击球的准确性，选取26名有经验的男高尔夫球手，并随机分为SMT组和控制组，通过使用高尔夫模拟器对SMT组进行改善运动计时的为期4周的SMT计划。结果发现，SMT组的高尔夫球手的击球准确性有显著性提高，运动计时得到了明显的改善。这项研究提供了更进一步的证据，证明SMT可以改善运动计时，并且这种计时改善可以提高高尔夫球手击球的准确性[73]。Libkuman等的研究也肯定了SMT可以提高高尔夫球的准确性和一致性这一观点[3]，并且提高高尔夫挥杆的运动学和动力学功能[74]。以上研究结果显示，SMT训练能增强动作技能的准确性，增强"时机"能力，改善运动时间并使之过渡到不相关的运动任务中，这种表现能力很有可能诱发某些独特的神经可塑性变化。动态系统理论认为SMT可以强化自我组织的运动—感知耦合[75]。

通过对节律计时的神经基础和动力学的观察，研究人员已经注意到听觉节律可迅速使运动反应进入稳定的同步状态[76]。在没有经过任何运动专项训练的情况下，潜在的、无意识的动作时间控制有可能改善，这种训练可以改善运动表现中的运动输出[69]。大多数复杂的运动技能涉及身体和认知激活，以及功能之间的同步。优化不同体育活动的结果需要注意力、运动规划、感觉运动同步、计时、心理组织、排序之间的动态处理和整合。同步节拍器训练或类似的计时训练方法也有益于不同的运动表现[3,77]。SMT训练可能导致大脑区域之间的神经整合和同步性增加、小脑和补充运动区域[69,78]在计时中发挥作用[79]。

很多研究已经提出，运动定时技能的增强缘于神经元活动精度的微调和更高频率的神经振荡[80]，或者通过提高内部时钟的速度[81]来实现。SMT训练可提高中枢神经系统电路的效率，使大脑的信号处理变得更有效、更一致。当运动沿着时间轴变得更有节奏、更稳定，这种节奏协调将在空间中产生更为优化的运动，因为时间和空间是相连的。综上所述，众多研究已经表明，感觉运动同步能力能控制、共享个体的某些神经系统回路，并且提高、优化运动技能的表现，为进一步研究动作协调能力及认知神经系统提供新的路径。

六、研究对象、方法与技术路线

（一）研究对象

本书以高、低有氧体能水平男大学生感觉运动同步能力的差异为研究对象，通过单、双向条件下和不同敲击比率下两方面探讨感觉运动同步能力的差异性。

（二）研究方法

1. **文献资料法**

出于研究的需要，笔者阅读并收集了感觉运动同步、有氧体能、手指敲击任务等方面的相关资料，以感觉运动同步（sensorimotor synchronization）、有氧体能（aerobic fitness）、手指敲击任务（finger tapping task）为主题词，严格按照PICO原则（patient/population, intervention or exposure, comparison, outcome）在国家图书馆、首都体育学院图书馆，以及中国知网（CNKI）万方数据库、百度学术、Pubmed、Web of Science等数据库进行检索。检索期限为从各个数据库建库至2022年5月。共收集中、英文文献635篇，并对上述文献和资料进行了整理和归纳，找出各自主要研究的问题，为研究工作提供了理论依据和数据支撑。

2. **实验法**

主要通过比较高有氧体能人群与低有氧体能人群感觉运动同步能力的差异，分别从单、双向条件和不同敲击比率两种任务角度探讨有氧体能对感觉运动同步的影响。同步敲击任务为听觉同步敲击任务，单向条件为只有一位受试者能听见对方敲击的声音，双向条件为两位受试者都能听到对方敲击的声音。任务条件分为3种，每种条件包含6个block，共计18个block。不同敲击比率任务为每秒与同伴进行1∶1、1∶2、1∶3三种比率的敲击，每种条件包含8个block，共计24个block。在实验过程中，对各变量进行严格控制。

实验采用Matlab（2018a）中的Psychotoolbox 3.0进行编程，受试者在键盘上进行敲击，敲击的时间点由Matlab（2018a）记录并保存。

3. **数理统计法**

通过Excel及Matlab对行为数据进行预处理，并使用IBM SPSS Statistics 23和R语言进行统计分析。

（三）技术路线

首先采用文献资料法确定研究问题，提出研究假设和研究内容；然后以手指敲击同步范式为实验任务，以同步性、异步性和稳定性为行为学测试指标，并且对数据进行整理及统计分析。（见图3）

图 3 研究框架图

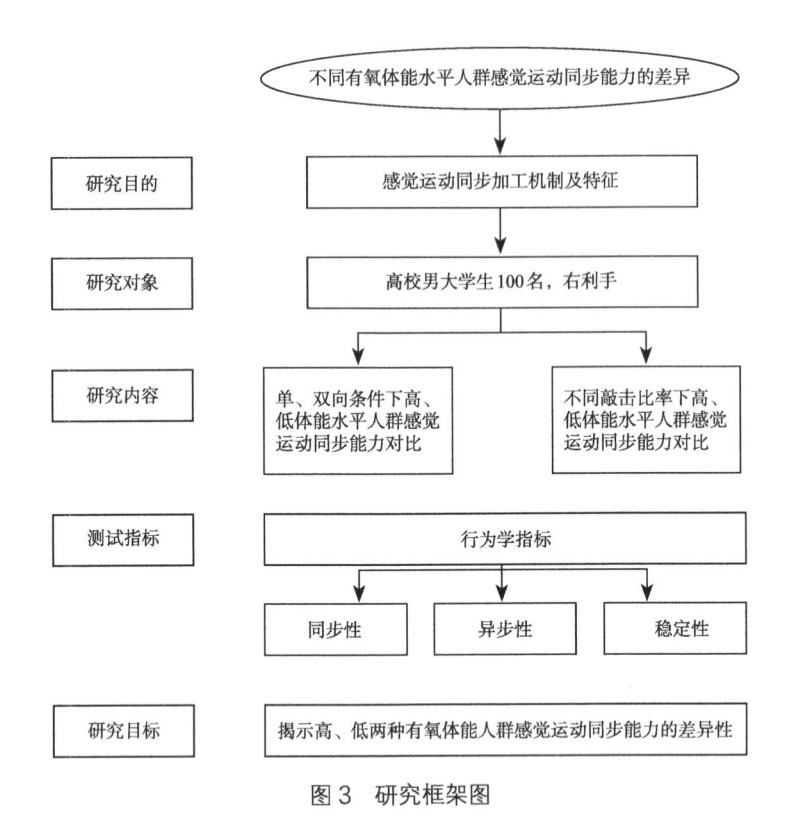

七、研究一：不同敲击比率下高、低有氧体能水平男大学生感觉运动同步能力的差异

研究假设：在不同敲击比率条件下，高有氧体能组的同步能力优于低有氧体能组，能较好地保持敲击的稳定性；随着敲击比率的提高，这种差异体现得更明显。

（一）实验目的

分析高、低有氧体能水平是否会影响大学生的感觉运动同步能力，探讨不同有氧体能的大学生在完成不同敲击比率任务的过程中的行为表现，检验IOI和ITIs对敲击表现的影响，以及随着敲击比率（1∶n敲击范式，n=1、2或3）难度的增加，其行为差异是否会出现显著性差异，观察是否会出现细分代价。

因此，本研究旨在研究IOI和ITIs对敲击性能的影响，使用1∶n敲击范式（n=1、2、3或4）。我们假设测试具有相似训练经验水平的音乐家将减少个体间的差异性，这样，我们可以检查IOI、ITIs和它们的交互描述的成本效益过渡点。

（二）实验方法

1.实验对象

通过线上软件招募、线下张贴海报等方式选取湖南省某高校对研究感兴趣的男大学生106名。纳入标准：A.智力和精神状态正常，无精神类疾病病史；B.右利手，视力正常或矫正视力正常；C.实验期前未饮酒、熬夜，无感冒症状。实验前通过测试所有受试者1000米跑成绩，记录1000米跑用时，并根据该成绩进行排序和实验分组，将4分06秒以内分为高有氧体能组，将4分06秒以外分为低有氧体能组。实验当天测量受试者的身高、体重、静息心率，询问其每周运动时间、强度，使用Radim提出的方法评估受试者的有氧能力水平。这种方法可以通过受试者的性别、BMI、静息心率、每周运动时间和强度来评估受试者的有氧体能。获得的结果以代谢当量表示，数值越大，代表有氧能力越强。

实验正式开始前，对所有受试者讲述实验流程和内容，并要求所有受试者签署书面知情同意书。

2.实验设计

本研究采用双人听觉同步手指敲击任务考察感觉运动同步能力，实验要求受试者尽量在安静状态下完成任务。实验采用2（组别：高有氧体能组、低有氧体能组）×3（任务条件：1∶1、1∶2、1∶3）两因素重复测量设计，自变量包括有氧体能水平和间隔时间。

3. 实验流程

本次实验在安静的实验室内进行，所需的实验设备为两台台式电脑（Windows7，X64），实验程序通过 Matlab（2018a）软件中的 Psychotoolbox 3.0 进行编程，并将实验刺激材料显示出来。实验开始后，两名受试者背对背坐在两台 19.5 寸显示器前，实验指导语在此显示器上呈现，显示器屏幕分辨率为 1280×1024。实验过程中，程序提示音会通过受试者佩戴的耳机传入受试者耳中，所有受试者耳机中的听觉刺激均由主试统一调试至适宜音量。受试者用右手食指在键盘上进行敲击，敲击的时间点通过 Matlab（2018a）软件执行实验程序，记录并存储行为数据。

受试者进入实验室后，签署书面知情同意书并记录个人信息，被随机分为受试者 A 和受试者 B。受试者背对背坐在电脑前，面对屏幕仔细阅读实验流程，并佩戴半入耳式耳机（见图4），使用右手食指敲击键盘指定键。实验过程中，受试者 A 和受试者 B 分别按"A 键"和"K 键"准备，敲击"S 键"和"L 键"。在两名受试者了解了实验流程后，受试者进行预实验练习，熟悉每种实验任务后方可开始正式的实验。

本次实验包括 1∶1 敲击比率、1∶2 敲击比率、1∶3 敲击比率三种任务，且在实验开始时，三种任务会随机出现，每种任务包含 8 个 block，共计 24 个 block。每个 block 持续时间为 50 秒。前 10 秒中，两位受试者都会听到来自系统的提示音，每个声音间隔 1 秒；10 秒后系统提示音消失，受试者保持前 10 秒的敲击频率继续敲击。在后 40 秒，两位受试者则会通过耳机听到对方敲击键盘的频率，两位受试者需保持相应的敲击频率，并与对方同步，声音为低音调（500 Hz）的纯音 beep。

实验开始后会随机匹配一种任务，受试者需仔细阅读指导语，并按要求完成相应的任务；完成此任务的 8 个 block 后，再随机匹配下一种任务，完成第二种任务的 8 个 block 后，即可进入最后一种任务。

当受试者 A 的电脑屏幕上出现指导语"您的耳机将传来一定时间的系

统节拍，您需要与系统节拍保持同步敲击，在系统节拍结束后继续保持系统节拍的速度进行敲击"，受试者B的电脑屏幕上出现指导语"您的耳机将传来一定时间的系统节拍，您需要以系统节拍2倍的速度进行敲击，在系统节拍结束后继续保持以系统节拍2倍的速度进行敲击"，该block的敲击比率为1∶2。此时，受试者A可以跟随系统前10秒的提示音保持1秒1次的敲击，直到该block结束；受试者B则需要通过系统前10秒1秒1次的提示音，以提示音2倍的速度敲击，1秒钟敲击两次（约500 ms敲击一次），直到该block结束。

每个任务中的8个block也是随机出现的，每完成1个block，下一个block可能互换该任务中的敲击倍速，也可能与上一个block的敲击倍速相同。当匹配的任务为1∶2敲击比率或1∶3敲击比率，若受试者A表现为1倍速，则受试者B表现为2倍速（或3倍速）；若受试者A表现为2倍速（或3倍速），则受试者B表现为1倍速。即每个任务中有8个block，受试者A和受试者B以相同的倍速共敲击4个block（1∶1任务除外）。两种任务间休息30秒，2个block间的休息时间为15—20秒，实验持续时间约为28分钟。

图4 实验过程（实验组拍摄）

4. 数据预处理与分析

（1）行为学数据预处理

①将储存在Matlab软件中的每个受试者敲击的24个block时间点提取到Excel表格中，并按比率依次排列整齐。

②由于实验前10秒为系统提示音，为了避免影响数据的真实性，删除每个block中前10秒的数据，保留10秒后的敲击时间点。

③将每个block中受试者A和受试者B敲击的行为数据上、下对齐，保证上、下对齐的数据敲击时间点相近；若没有与之对应的时间点，则在对应的位置填写"0"。

④若在一个block内，一名受试者漏按时间点较多或未按实验要求敲击，则剔除该block。

（2）行为学数据分析

①点击异步性均值：运用点击异步性均值来评估受试者敲击时间点时同步能力的强弱。在相同的实验任务条件下，点击异步性数值越小，代表同步能力越好。通过使用对齐后的数据，将受试者A敲击的时间点减去受试者B与之对应的敲击时间点（与"0"对齐的数值不计算），所得到的数值为异步性。将异步性转换为绝对值，再计算其均值，即点击异步性均值。

②敲击同步稳定性：使用点击异步性标准差来评估敲击同步能力的稳定性。在相同的实验任务条件下，点击异步性标准差数值越小，代表同步能力越稳定。通过使用对齐后的数据，将受试者A敲击的时间点减去受试者B与之对应的敲击时间点（与"0"对齐的数值不计算），所得到的数值为异步性。将异步性转换为绝对值，再计算其标准差，即敲击同步稳定性。

③平均敲击反应间隔时间：使用平均敲击反应间隔时间判断两组完成实验任务的条件是否相同。使用原始数据且删除前10秒的时间点，通过

受试者A和受试者B后一次敲击时间点减去前一次敲击时间点的均值来获得。如果相同任务条件下两组平均敲击反应间隔时间有显著差别，则说明两组完成任务条件不同，该条件任务其他的结果均无意义。

④平均敲击反应间隔时间误差：通过使用平均敲击反应间隔时间误差来评估时间把控能力的准确性。以平均间隔时间减去任务要求的间隔时间结果的绝对值来表示。在相同的实验任务条件下，平均敲击反应间隔时间误差数值越小，说明对时间把控得越精准。

⑤平均敲击反应间隔时间稳定性：通过受试者在每个block中敲击间隔的标准差来表示平均敲击间隔时间稳定性。平均敲击间隔时间稳定性可以用来评估时间把控能力的稳定性。在相同的实验任务条件下，该数值越小，说明时间把控能力越稳定。

5. 统计学分析

（1）对点击异步性组间行为数据指标和敲击反应间隔组内行为数据指标进行正态性检验

（2）使用重复测量方差分析、比较服从正态分布的组间行为指标

（3）对不服从正态分布行为指标进行Mann–Whitney U检验或Scheirer–Ray–Hare分析

（三）实验结果

共有53组受试者参与实验，在对53组数据进行提取及处理的过程中发现有两组行为学数据异常，数据无法使用，故将之剔除，最终保留51组行为学数据，其中高有氧体能组26组，低有氧体能组25组。纳入分析的51组数据包含1224个block，对不符合要求的block进行剔除后，最终剩余1205个block。其中，1∶1敲击比率有404个block，1∶2敲击比率有401个block，1∶3敲击比率有400个block。

1. 受试者基本情况分析

年龄、身高、代谢当量服从正态分布，体重、BMI、静息心率、身体

活动分数、1000米跑成绩不服从正态分布。受试者基本情况信息如下：

受试者在年龄（F=2.25，t=0.90，P=0.14＞0.05）、身高（F=0.44，t=-1.51，P=0.51＞0.05）、代谢当量（F=0.55，t=11.02，P=0.46＞0.05）、体重（U=1055.5，Z=-1.340，P=0.18＞0.05）、BMI（U=1165.0，Z=-0.586，P=0.56＞0.05）、静息心率（U=1103.0，Z=-1.010，P=0＜0.31）方面不具有差异，在身体活动分数（U=0，Z=-9.730，P=0＜0.05）、1000米跑成绩（U=0，Z=-8.620，P=0＜0.05）方面均具有显著差异。（见表1）

表1 受试者基本情况

变量	高有氧体能组	低有氧体能组	F值	t值	U值	Z值	P值
年龄	21.43 ± 1.58	21.17 ± 1.22	2.25	0.90	—	—	0.14
身高/cm	174.00 ± 5.58	175.70 ± 5.68	0.44	-1.51	—	—	0.51
代谢当量/MET	15.63 ± 0.57	14.25 ± 0.68	0.55	11.02	—	—	0.46
体重/kg	65.0（71.63，60）	68.5（74.25，62）	—	—	1055.5	-1.340	0.18
BMI	21.11（23.88，20.06）	22.11（23.75，20.52）	—	—	1165.0	-0.586	0.56
静息心率/min	76.5（84.25，72）	75.0（84.00，70）	—	—	1103.0	-1.010	0.31
身体活动分数	3.03	1.76（1.76，1.76）	—	—	0	-9.730	0.001
1000米跑成绩/s	237（245.00，224）	262（271.25，256）	—	—	0	-8.620	＜0.001

2. 点击异步性结果

（1）点击异步性均值

高、低有氧体能组大学生在不同敲击比率下的点击异步性均值均服从正态分布。其中，1∶1敲击比率任务中，高有氧体能组点击异步性均值为83.75 ± 19.32 ms，低有氧体能组点击异步性均值为111.83 ± 46.13 ms。

1∶2敲击比率任务中，高有氧体能组点击异步性均值为74.74±17.64 ms，低有氧体能组点击异步性均值为108.94±21.62 ms。1∶3敲击比率任务中，高有氧体能组点击异步性均值为74.33±15.5 ms，低有氧体能组点击异步性均值为88.57±15.43 ms。

对点击异步性均值进行2（组别：高有氧体能组、低有氧体能组）×3（任务条件：1∶1、1∶2、1∶3）Scheirer-Ray-Hare检验，结果显示：（主体间效应检验）组间具有显著差异，H=30.69，P=0＜0.01；任务条件间不具有显著差异，H=4.18，P=0.123＞0.05；组别×任务条件交互作用不显著，H=4.12，P=0.127＞0.05。

使用事后多重比较对组别×任务条件交互作用进一步检验。在三种敲击比率下，高有氧体能组点击异步性均值均显著优于低有氧体能组，P＜0.05；低有氧体能组在1∶3敲击比率下比在1∶1敲击比率下更具有显著差异，P＜0.05，且在1∶3敲击比率下比在1∶2敲击比率下更有显著差异，P＜0.05。（见图5）

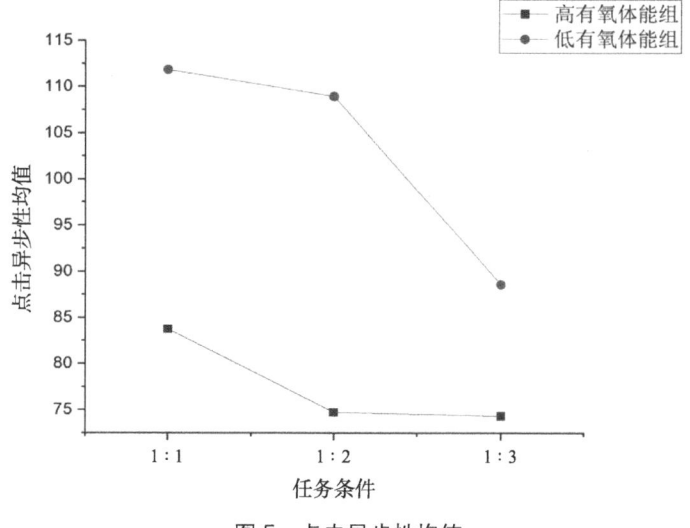

图5 点击异步性均值

（2）敲击同步稳定性

高、低有氧体能组大学生在不同敲击比率下均服从正态分布。其中，1∶1敲击比率任务中高有氧体能组敲击同步稳定性为63.92 ± 12.12 ms，低有氧体能组敲击同步稳定性为75.9 ± 22.81 ms；1∶2敲击比率任务中高有氧体能组敲击同步稳定性为54.26 ± 10.26 ms，低有氧体能组敲击同步稳定性为69.58 ± 10.56 ms；1∶3敲击比率任务中高有氧体能组敲击同步稳定性为50.56 ± 7.29 ms，低有氧体能组敲击同步稳定性为56.27 ± 7.08 ms。

对敲击同步稳定性进行2（组别：高有氧体能组、低有氧体能组）×3（任务条件：1∶1、1∶2、1∶3）Scheirer-Ray-Hare检验，结果显示：（主体间效应检验）组间具有显著差异，$H=17.71$，$P=0 < 0.01$；任务条件间具有显著差异，$H=27.14$，$P=0 < 0.01$；组别 × 任务条件交互作用不显著，$H=4.76$，$P=0.09 > 0.05$。

使用事后多重比较对组别 × 任务条件交互作用进一步检验。在1∶1、1∶2敲击比率下，高有氧体能组敲击同步稳定性均显著优于低有氧体能组，$P < 0.05$；高有氧体能组在1∶2敲击比率下比在1∶1敲击比率下更具有显著差异，$P < 0.05$，且在1∶3敲击比率下比在1∶1敲击比率下更具有显著差异，$P < 0.05$。低有氧体能组在1∶3敲击比率下比在1∶1敲击比率下更具有显著差异，$P < 0.05$，且在1∶3敲击比率下比在1∶2敲击比率下更具有显著差异，$P < 0.05$。（见图6）

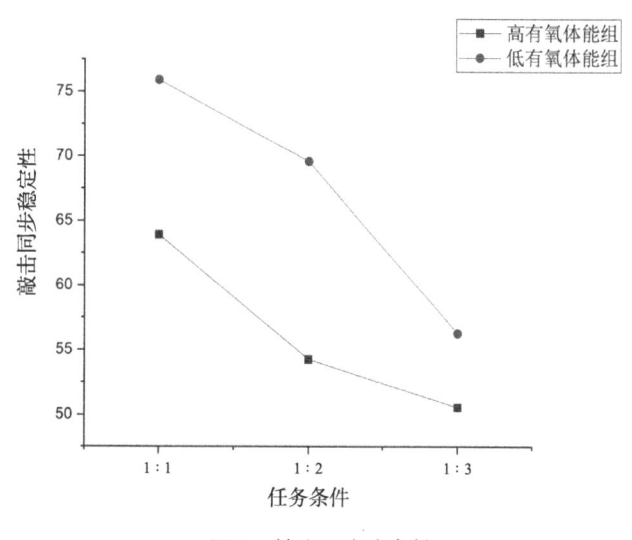

图 6　敲击同步稳定性

3. 敲击反应间隔

（1）平均敲击反应间隔时间

高有氧体能组在1∶3敲击比率下，以333 ms为间隔进行的敲击的平均敲击反应间隔时间不服从正态分布，其余均服从正态分布。

在1∶1敲击比率任务中，高有氧体能组以1000 ms为间隔进行敲击的平均敲击反应间隔时间为949.55 ± 95.86 ms，低有氧体能组以1000 ms为间隔进行敲击的平均敲击反应间隔时间为964.06 ± 90.26 ms。在1∶2敲击比率任务中，高有氧体能组以500 ms为间隔进行敲击的平均敲击反应间隔时间为503.50 ± 31.45 ms，低有氧体能组以500 ms为间隔进行敲击的平均敲击反应间隔时间为516.84 ± 42.53 ms。对1∶1、1∶2敲击比率下平均敲击反应间隔时间进行独立样本t检验，结果显示：在1∶1敲击比率任务中，以1000 ms为间隔进行的敲击，t=-0.556，P=0.581，表明高、低有氧体能组的平均敲击反应间隔时间无显著差异；在1∶2敲击比率任务中，以500 ms为间隔进行的敲击，t=-1.277，P=0.207，表明高、低有氧体能组的平均敲击反应间隔时间无显著差异。

在1∶3敲击比率任务中，高有氧体能组以333 ms为间隔进行敲击的平均敲击反应间隔时间为334.54（334.44，356.12）ms，低有氧体能组以333 ms为间隔进行敲击的平均敲击反应间隔时间为361.61±25.50 ms。对1∶3敲击比率下以333 ms为间隔的平均敲击反应间隔时间进行Mann-Whitney U检验，Z=-1.997，P=0.046，表明高、低有氧体能组的平均敲击反应间隔时间均存在显著差异。（见图7）

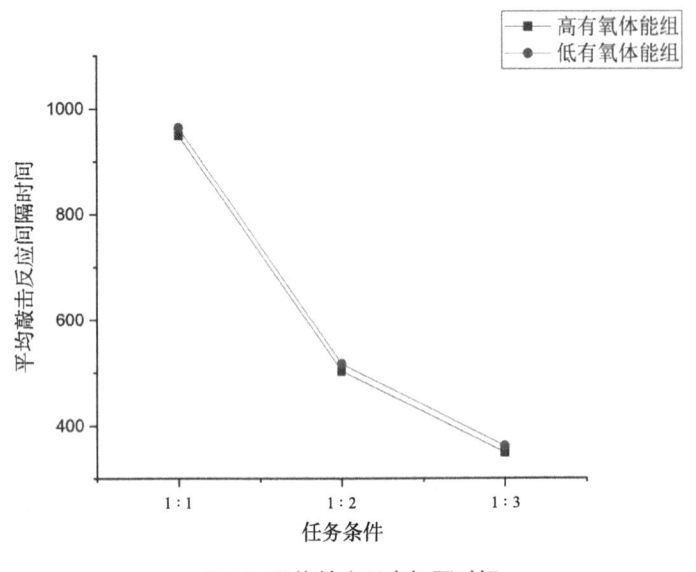

图7 平均敲击反应间隔时间

（2）平均敲击反应间隔时间误差

在1∶1敲击比率任务中，高、低有氧体能组大学生平均敲击反应间隔时间误差均服从正态分布。在1∶3敲击比率任务中，低有氧体能组以333 ms为间隔进行敲击的平均敲击反应间隔时间误差服从正态分布，其余各组数据均不服从正态分布。

在1∶1敲击比率任务中，高有氧体能组以1000 ms为间隔进行敲击的平均敲击反应间隔时间误差为87.31±62.51 ms，低有氧体能组以1000 ms为间隔进行敲击的平均敲击反应间隔时间误差为79.79±53.48 ms。在1∶2敲击比率任务中，高有氧体能组以500 ms为间隔进行敲击的平均敲击反应间隔时间误差为18.35（4.28，25.90）ms，低有氧体能组中以500 ms为间隔进行敲击的平均敲击反应间隔时间误差为27.07（8.92，44.07）ms。在1∶3敲击比率任务中，高有氧体能组以333 ms为间隔进行敲击的平均敲击反应间隔时间误差为15.69（4.37，22.79）ms，低有氧体能组以333 ms为间隔进行敲击的平均敲击反应间隔时间误差为31.91±20.55 ms。

对平均敲击反应间隔时间误差中以333 ms、500 ms、1000 ms为间隔的敲击进行2（组别：高有氧体能组、低有氧体能组）×3（任务条件：1∶1、1∶2、1∶3）Scheirer-Ray-Hare检验，结果显示：组间不具有显著差异，H=3.29，P=0.07＞0.05；不同敲击比率下进行敲击具有显著差异，H=44.37，P=0＜0.01；组别×任务条件交互作用不显著，H=1.55，P=0.46＞0.05。

事后多重比较结果显示：在三种敲击比率下，对于以333 ms、500 ms、1000 ms为间隔的敲击，高、低有氧体能组平均敲击反应间隔时间误差均无明显变化，P＞0.05。高、低有氧体能组在1∶2相较于1∶1敲击比率下和1∶3相较于1∶1敲击比率下，平均敲击反应间隔时间误差均表现出显著减小，P＜0.01。在1∶3相较于1∶2敲击比率下，平均敲击反应间隔时间误差均无明显变化，P＞0.05。（见图8）

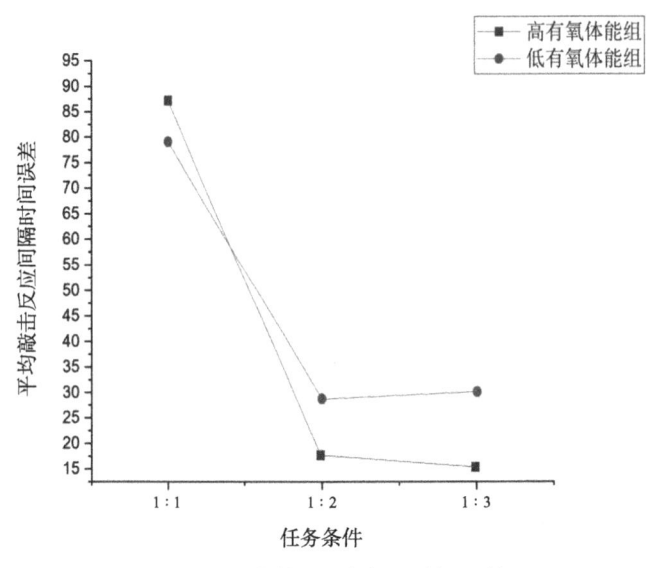

图 8 平均敲击反应间隔时间误差

（3）平均敲击反应间隔时间稳定性

在三种敲击比率下，各组数据均服从正态分布。

在 1∶1 敲击比率任务中，高有氧体能组以 1000 ms 为间隔进行敲击的平均敲击反应间隔时间稳定性为 90.87 ± 26.51 ms，低有氧体能组以 1000 ms 为间隔进行敲击的平均敲击反应间隔时间稳定性为 98.67 ± 31.73 ms。在 1∶2 敲击比率任务中，高有氧体能组以 500 ms 为间隔进行敲击的平均敲击反应间隔时间稳定性为 70.88 ± 42.90 ms，低有氧体能组以 500 ms 为间隔进行敲击的平均敲击反应间隔时间稳定性为 97.67 ± 37.39 ms。在 1∶3 敲击比率任务中，高有氧体能组以 333 ms 为间隔进行敲击的平均敲击反应间隔时间稳定性为 85.55 ± 41.36 ms，低有氧体能组以 333 ms 为间隔进行敲击的平均敲击反应间隔时间稳定性为 88.65 ± 28.01 ms。

尽管上述数据均服从正态分布，但具有方差不齐性，因此对平均敲击反应间隔时间稳定性中以 333 ms、500 ms、1000 ms 为间隔的敲击进行 2（组别：高有氧体能组、低有氧体能组）×3（任务条件：1∶1、1∶2、1∶3）Scheirer-Ray-Hare检验，结果显示：组间具有显著差异，H=9.69，P=0.02＜0.05；不同敲击比率下进行敲击具有显著差异，H=6.78，P=0.03＜0.05；组别×任务条件交互作用不显著，H=4.47，P=0.107＞0.05。

事后多重比较结果显示：在三种敲击比率下，对于以333 ms、500 ms、1000 ms为间隔的敲击，高、低有氧体能组平均敲击反应间隔时间稳定性均无明显变化，P＞0.05；高、低有氧体能组在三种敲击比率下平均敲击反应间隔时间稳定性均无显著差异，P＞0.05。（见图9）

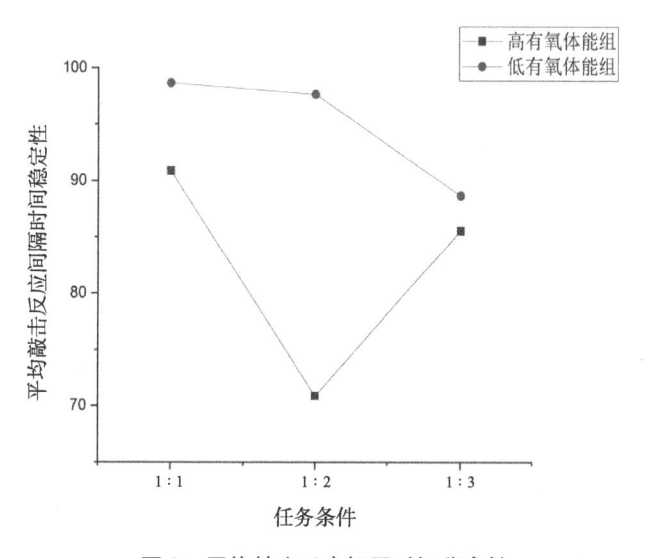

图9 平均敲击反应间隔时间稳定性

4. 分析讨论

在实验结果中，本研究对5项指标进行了统计分析。点击异步性均值和敲击同步稳定性为结果性指标，也是衡量感觉运动同步能力的主要指标；其余3项指标为过程性指标，其中平均敲击反应间隔时间与平均敲击反应间隔时间误差反映了时间的精准程度，平均敲击反应间隔时间稳定性反映了把控时间的稳定程度。我们的目的是比较两组人群感觉运动同步能力的差异，并分析造成这种差异的原因。

评价感觉运动同步这一能力的最重要指标无异于平均异步性。Krause等的研究采用手指敲击范式来测量感觉运动同步能力，结果表明，相比于普通人，鼓手在800 ms间隔任务中具有较好的节奏识别能力、同步准确性和感知辨别能力[82]。先前的研究也强调了音乐家与非音乐家相比更具有感觉运动同步能力上的优势[83]。此外，已有研究表明，较好的感觉运动同步技能在钢琴家中表现得尤其明显[30]，证明了节奏能力的训练能提升同步能力。在体育运动领域的研究中，金鑫虹的研究表明舞蹈组听觉节奏的感觉运动同步能力水平显著高于普通大学生，而且在200 ms和400 ms的间隔下差异更为显著。基于行为数据结果，发现舞蹈经验会提高感觉运动同步能力，同样也需要对节奏的加工。但不足以证明特定的运动能提高感觉运动同步能力[2]。本研究对纳入的人群进行筛选，将之分为两组，即高、低有氧体能组，通过增加有氧体能这一变量，发现在1∶1、1∶2及1∶3敲击比率任务中，高有氧体能组点击异步性均值优于低有氧体能组，表现出更好的同步敲击。经过感觉运动同步任务发现，高有氧体能组节奏感偏好且更加稳定，也在一定程度上解释了经过长期有氧体能运动的人群节奏感偏好，速度比无经验者更快的现象[84]。人们认为，长期进行特定的敲击任务实践会提高行为表现能力[85]。因此，与没有节奏经验的人相比，有经验的人可以更精确地执行相关节奏任务[86, 87]，出色的感觉运动能力很可能源于特定的节奏训练的调节。

敲击同步稳定性是感觉运动同步过程中的典型现象，使用点击异步性标准差来评估敲击同步能力的稳定性。在之前众多的实验研究结果中发现，当受试人群敲击同步稳定性较好，同步表现能力较为不理想时，就会使用这一指标来衡量受试人群的同步能力。因此，这一指标在衡量感觉运动同步能力中也彰显出重要的作用。之前有研究评估个体之间节奏变化及基本同步能力的差异，结果发现，平均而言，受过专业训练的音乐家与普通大学生表现的点击异步性差异不具有显著性，但音乐家比普通大学生具有更好的敲击同步稳定性。由此可说明，敲击同步稳定性在同步能力中也极其重要，具有更强的可塑性[65]。Repp[88]在研究中也认同了这一观点，认为音乐家会在敲击和节奏之间表现出更大的优势，对时间变化表现出更好的感知敏感性，敲击同步稳定性也更好。与此相同的差异已经在以前的研究中得到了证实[89]。此外，音乐家不仅受过专业训练，而且是从很多音乐家志愿者样本中挑选出来的，在同步技能上，他们平均比普通人表现得更好。Fujii等[90]研究发现，当敲击节奏刺激任务间隔时间越来越短，敲击同步稳定性差异则越来越大。Repp在研究中比较了业余音乐爱好者和无经验者的敲击同步稳定性，结果发现两组人群在500 ms的节奏间隔任务中并不存在差异[65]。本研究对高、低有氧体能组进行组间对比发现，高有氧体能组大学生在三种比率敲击间隔中敲击同步稳定性更好，均优于低有氧体能组。与低有氧体能组相比，高有氧体能组大学生在听觉节奏刺激开始之前会预测并进行敲击同步。由此可见，高有氧体能组大学生多采用预测进行感觉运动同步，对照组则倾向于采用"追踪"策略。而且，本研究表现为双人同步任务，时间节奏把控对敲击同步稳定性的表现具有重要作用，在结果中可以清晰地发现，在三种敲击比率中，低有氧体能组同步能力也存在较大的组间差异。且随着时间间隔比率的缩小，其表现愈加明显，这在时间间隔较短的比率任务中得到了体现。在众多体育运动技能学习过程中，个体需要摆动肢体做出动作，尽可能与节拍同步。在某些技能中，为了使肢体动作与节奏刺激更加同步，个体往往习惯于预测下一个节奏刺激的出现，以实现更加精准的同步，并且，这一过程需要多个动作相互配合，达到共同参与的目的[66, 91]。Tranchant等[92]认为，个体经验及节奏刺激会影响感觉运动同步能力。在金鑫虹[2]的研究中发现，体育舞蹈运动员对听觉刺激节奏更加敏感，更能预测刺激进行节奏感知。

平均敲击反应间隔时间、平均敲击反应间隔时间误差及平均敲击反应间隔时间稳定性这三项指标作为感觉运动同步的过程性指标，反映了时间的精准程度和把控时间的稳定程度。在之前的感觉运动同步的研究中，大多数实验方案都采用单人模式，即电脑系统软件引导受试者进行敲击同步；本实验方案则采用双人同步范式测量感觉运动同步能力，把平均间隔时间及间隔时间误差作为定量来衡量高、低有氧体能两组人群对时间精度的把控能力，并使用这两个指标做进一步分析。通过实验研究，发现高、低有氧体能两组人群在时间精度指标上不具有明显的差异。在1∶3敲击比率下，高、低有氧体能组以333 ms为间隔的平均敲击反应间隔时间均存在一定的差异；在其余敲击比率下，高、低有氧体能两组人群的平均敲击反应间隔时间与平均敲击反应间隔时间误差这两个指标无显著差异。在平均敲击反应间隔时间这一指标上存在差异，可能由于高、低有氧体能组在1∶3敲击比率下时间间隔更短，表现出显著的增大。也有研究认为刺激之间需要至少20 ms的间隔才能产生差异[86]。此外，这个间隔因刺激方式的不同而不同[93]。在其他比率条件下则保持了相对稳定的趋势，说明在一定的比率时间间隔条件下，高、低有氧体能人群对时间精度的把控会受到一定的影响。Merchat等指出，运动性大脑结构可能形成一个支持广泛的时间行为的神经网络的核心模态成分，是支持计时功能的核心。他通过研究发现并阐明了发生在运动区域内的神经计算是神经元网络和模态加工的一部分，特别表现在补充运动区域，以支持精确计时的动作[94]。运动性的大脑区域构成了核心时间网络的一部分，它与感觉区域相互作用，以支持一系列的时间需求。与此同时，节奏同步所表现的不仅是一个被动的过程，也是一个与运动系统协同运行的主动过程。有大量的文献表明，节奏同步基于一个部分重叠的神经网络[95]，它是位于运动系统中的核心计时网络，独立于时间环境向大脑的其他部分发出预测信号，而且是能根据任务的特定行为需求有选择地参与的区域[96]。另外，特定的感觉同步和关联区域涉及间隔时间[97, 98]，确切的时间节奏刺激中可能存在多个内部振荡器，以帮助个体准确地提取节奏周期[99]。

平均敲击间隔时间稳定性可以用来评估时间把控能力的稳定性，在相同的实验任务条件下，该数值越小，表明时间把控能力越稳定。而校正和稳定是两个相对的机制，校正越多，表示出现的变化越大，稳定性也越差。信息处理理论常用于对时间误差进行内、外部周期之间的校正，平均敲击间隔时间稳定性则反映间隔时间的变化程度[1]。Mates指出周期校正可能基于对内部计时器的感知。Hepp在文中也指出平均敲击反应间隔时间稳定性也常被使用，并且很多研究都聚焦于校正机制[1]。也有研究指出节奏时间间隔会影响人体的感觉运动同步能力，在400 ms的时间间隔任务中，反应间隔稳定性明显优于在800 ms中[84]。在本书的研究中可以发现，高有氧体能组在三种敲击比率下平均敲击间隔时间稳定性均优于低有氧体能组。随着间隔时间的缩短、比率的增加，高有氧体能人群稳定性下降的趋势也比低有氧体能人群明显。这可能由于在相对简单的比率任务中，间隔时间短，稳定性表现不是特别显著。由此可说明，造成差异的重要原因在于反应间隔时间稳定性的能力的差异。本研究也进一步验证了双人同步任务中稳定能力的重要性。

综上所述，本研究选取三种敲击比率的听觉节奏刺激，对高、低有氧体能人群感觉运动同步能力进行了探讨。基于以上行为数据结果发现，高有氧体能人群在同步过程中存在行为优势，把控时间的精准程度及稳定程度更高。节奏时间间隔也是影响感觉运动同步能力的重要因素。高有氧体能人群在长期的体育锻炼中有效提高了个体对听觉节奏刺激的同步能力，对听觉节奏更加敏感，并存在听觉优势。

八、研究二：单、双向条件下，高、低有氧体能水平男大学生感觉运动同步能力的差异

研究假设：在单、双向条件下，高有氧体能组的领导者可以相对较好地保持敲击的稳定性，同步表现与低有氧体能组存在显著差异。

（一）实验目的

分析高、低有氧体能水平是否会影响大学生的感觉运动同步能力，探讨不同有氧体能的大学生在单、双向条件任务中的行为表现，以及对敲击表现的影响，分析在何种水平的任务中会得到表现，以及在何种维度产生的这一影响。

（二）实验方法

1. 实验对象

通过线上软件招募、线下张贴海报等方式选取湖南省某高校对研究感兴趣的男大学生100名。纳入标准和测试划分人群方法同研究一。

2. 实验设计

本研究采用双人听觉同步手指敲击任务考察感觉运动同步能力，实验要求受试者尽量在安静状态下完成任务。实验采用2（组别：高有氧体能组、低有氧体能组）×3（任务条件：单向A、单向B、双向）两因素重复测量设计，自变量包括有氧体能水平和间隔时间。

3. 实验流程

本次实验在安静的实验室内进行，所需的实验设备为两台台式电脑（Windows，X64），实验程序通过Matlab（2018a）软件中的Psychotoolbox 3.0进行编程，并将实验刺激材料显示出来。实验开始后，两名受试者背对背坐在两台19.5寸显示器前，实验指导语在此显示器上呈现，显示器屏幕分辨率为1280×1024。实验过程中，程序提示音会通过受试者佩戴的耳机传入受试者耳中，所有受试者耳机中的听觉刺激均由主

试统一调试至适宜音量。受试者用右手食指在键盘上进行敲击，敲击的时间点通过Matlab（2018a）软件执行实验程序、记录并存储行为数据。

受试者进入实验室后，签署书面知情同意书并记录个人信息，被随机分为受试者A和受试者B。受试者背对背坐在电脑前，面对屏幕仔细阅读实验流程，并佩戴半入耳式耳机（见图10），使用右手食指敲击键盘指定键。实验过程中，受试者A和受试者B分别按"A键"和"K键"准备，敲击"S键"和"L键"。在两名受试者了解实验流程后，受试者进行预实验练习，熟悉每种实验任务后方可开始正式的实验。

本次实验表现为单、双向条件任务，每种任务包含6个block，共计18个block。每个block持续时间为50秒。前10秒中，两位受试者都会听到来自系统的提示音，每个声音间隔1秒；10秒后系统提示音消失，受试者保持前10秒的敲击频率继续敲击。在后40秒，两位受试者则会通过耳机听到对方敲击键盘的频率，两位受试者需保持相应的敲击频率，并与对方同步，声音为低音调（500 Hz）的纯音beep。

在两个人均按键后进入实验。首先会有10秒的空屏，仅有注视点；接着系统会播放声音，1秒1次，持续10秒，此时双方按照节奏按键。声音结束后，双方仍然按键。此时对方耳机内会播放按键音，系统记录双方按键，到达限定时间后，提示本阶段结束，强制休息15—20秒。然后等待两人均按键，进入下一阶段。

本次实验总共有18个block（单向12个block、双向6个block）。具体的block要求如下：本实验意在得出不同组别在1秒间隔下单向（只有一人的耳机中会出现对方的敲击声音）和双向（两人的耳机中都会出现对方的敲击声音）条件的差异。双向：每个block 50秒，系统10秒，剩余40秒。指导语为"您的耳机将传来一定时间的系统节拍，您需要与该频率保持同步敲击，在系统节拍结束后尽量保持系统频率与同伴进行同步敲击。"单向：每个block 50秒，领导者能听到系统的10秒，追随者只能听到领导者敲击的声音。指导语为"领导者：您的耳机将传来一定时间的系统节拍，您需要与该频率保持同步敲击，在系统节拍结束后尽量保持系统频率进行敲击；追随者：您的耳机将传来同伴敲击的声音，您需要尽量与同伴保持同步敲击。"

实验开始后会随机匹配一种任务，受试者需仔细阅读指导语，并按要求完成相应的任务；完成此任务的6个block后，再随机匹配下一种任务，完成第二种任务的6个block后，即可进入最后一种任务。两种任务间的休息时间为30秒，两个block间的休息时间为15—20秒，实验持续时间约为28分钟。

图10 实验过程（实验组拍摄）

4. 数据预处理与分析

同研究一。

（三）实验结果

共有50组受试者参与实验，在对50组数据进行提取及处理的过程中发现有5组行为学数据异常，数据无法使用，故将之剔除，最终保留45组行为学数据，其中高有氧体能组22组，低有氧体能组23组。纳入分析的45组数据包含720个block，对不符要求的block进行剔除后，最终剩余712个block。

1. 受试者基本情况分析

年龄、身高、体重服从正态分布，BMI、静息心率、身体活动分数、代谢当量、1000米跑成绩不服从正态分布。受试者基本情况如下：

受试者在年龄（F=3.66，t=-1.11，P=0.06＞0.05）、身高（F=1.01，t=1.04，P=0.32＞0.05）、体重（F=0.36，t=0.32，P=0.55＞0.05）、BMI（U=1047.5，Z=-0.082，P=0.94＞0.05）、静息心率（U=1019.0，Z=-0.305，P=0.76＞0.05）方面不具有差异，在身体活动分数（U=0，Z=-9.356，P=0＜0.05）、代谢当量（U=42.0，Z=-7.934，P=0＜0.05）、1000米跑成绩（U=0，Z=-8.265，P=0＜0.05）方面均具有显著差异。（见表2）

表2 受试者基本情况

变量	高有氧体能组	低有氧体能组	F值	t值	U值	Z值	P值
年龄	21.27±1.51	21.58±1.15	3.66	-1.11	—	—	0.06
身高/cm	175.44±5.85	174.23±5.3	1.01	1.04	—	—	0.32
体重/kg	67.66±8.35	67.05±9.55	0.36	0.32	—	—	0.55
BMI	22.00（23.27，20.43）	21.58（24.03，20.25）	—	—	1047.5	-0.082	0.94
静息心率/min	76.0（84，71.75）	75.5（84，70.75）	—	—	1019.0	-0.305	0.76
身体活动分数	3.03	1.76（1.76，1.76）	—	—	0	-9.356	＜0.001
代谢当量/MET	15.66（15.99，15.34）	14.40（14.6，13.88）	—	—	42.0	-7.934	＜0.001
1000米跑成绩/s	237（245，224）	261（271，256）	—	—	0	-8.265	＜0.001

2. 点击异步性结果

（1）点击异步性均值

高、低有氧体能组在单、双向三种任务条件下，除了受试者2领导的单向任务中的数据服从正态分布，其余各组数据均不服从正态分布。其中，在受试者1领导的单向任务中，高有氧体能组点击异步性均值为102.75±38.12 ms，低有氧体能组点击异步性均值为121.28（106.51，161.54）ms；在受试者2领导的单向任务中，高有氧体能组点击异步性均值为87.68±13.96 ms，低有氧体能组点击异步性均值为136.25±47.13 ms。在双向条件任务中，高有氧体能组点击异步性均值为83.92（69.94，93.07）ms，低有氧体能组点击异步性均值为138.33±49.45 ms。

对点击异步性均值进行2（组别：高有氧体能组、低有氧体能组）×3（任务条件：受试者1领导的单向任务、受试者2领导的单向任务、双向条件任务）Scheirer-Ray-Hare检验，结果显示：（主体间效应检验）组间具有显著差异，H=51.16，P=0＜0.01；任务条件间不具有显著差异，H=1.86，P=0.40＞0.05；组别×任务条件交互作用不显著，H=1.44，P=0.49＞0.05。

使用事后多重比较对组别×任务条件交互作用进一步检验。在单、双向三种任务条件敲击下，高有氧体能组点击异步性均值均显著优于低有氧体能组，P＜0.05；高、低有氧体能组在单、双向三种任务条件敲击下点击异步性均值无显著差异，P＞0.05。（见图11）

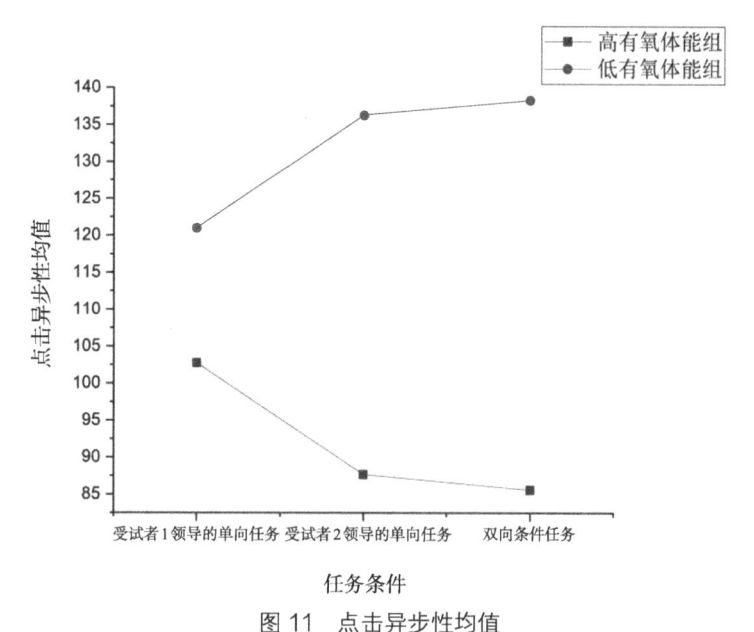

图 11　点击异步性均值

（2）敲击同步稳定性

高、低有氧体能组大学生在单、双向三种条件下的敲击同步稳定性，各组数据均服从正态分布。其中，在受试者1领导的单向任务中，高有氧体能组敲击同步稳定性为73.41 ± 20.72 ms，低有氧体能组敲击同步稳定性为90.98 ± 18.90 ms；在受试者2领导的单向任务中，高有氧体能组敲击同步稳定性为66.65 ± 11.49 ms，低有氧体能组敲击同步稳定性为96.18 ± 19.65 ms。在双向条件任务中，高有氧体能组敲击同步稳定性为67.94 ± 18.53 ms，低有氧体能组敲击同步稳定性为99.49 ± 23.52 ms。

对敲击同步稳定性进行2（组别：高有氧体能组、低有氧体能组）× 3（任务条件：受试者1领导的单向任务、受试者2领导的单向任务、双向条件任务）Scheirer–Ray–Hare检验，结果显示：（主体间效应检验）组间具有显著差异，H=46.55，P=0＜0.01；任务条件间不具有显著差异，H=0.065，P=0.97＞0.05；组别 × 任务条件交互作用不显著，H=1.44，P=0.41＞0.05。

使用事后多重比较对组别×任务条件交互作用进一步检验。在单、双向三种任务条件敲击下，高有氧体能组敲击同步稳定性均显著优于低有氧体能组，$P<0.05$；高、低有氧体能组在单、双向三种任务条件敲击下同步稳定性无显著差异，$P>0.05$。（见图12）

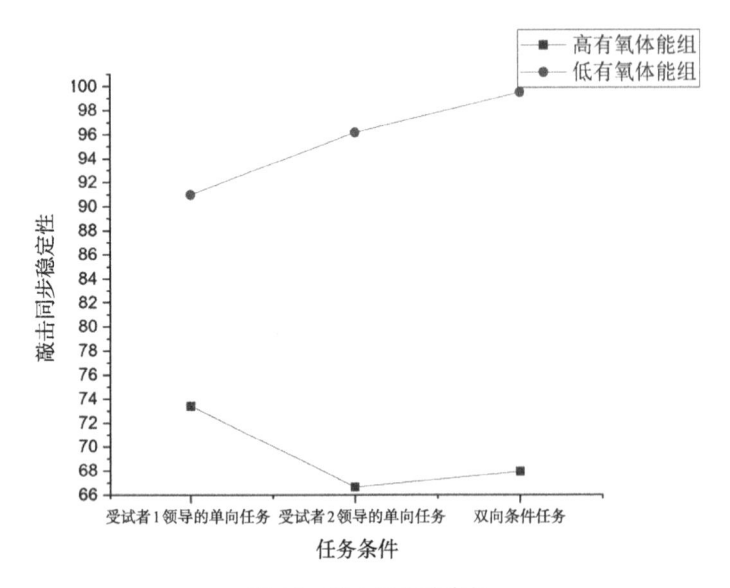

图 12　敲击同步稳定性

3. 敲击反应间隔

（1）平均敲击反应间隔时间

高、低有氧体能组在单、双向条件任务下，在受试者1领导的单向条件下，高有氧体能组的平均敲击反应间隔时间服从正态分布，低有氧体能组的平均敲击反应间隔时间不服从正态分布；在受试者2领导的单向条件下，高有氧体能组和低有氧体能组的平均敲击反应间隔时间均服从正态分布。在双向条件下，高有氧体能组和低有氧体能组的平均敲击反应间隔时间均服从正态分布。

在受试者1领导的单向条件下，高有氧体能组平均敲击反应间隔时间为973.15±71.46 ms，低有氧体能组平均敲击反应间隔时间为982.28（964.61，1020.43）ms。对受试者1领导的单向条件下平均敲击反应间隔时间进行Mann-Whitney U检验，结果显示Z=-1.203，P=0.229，表明高、低有氧体能组的平均敲击反应间隔时间无显著性差异。

在受试者2领导的单向条件下，高有氧体能组平均敲击反应间隔时间为961.62±67.15 ms，低有氧体能组平均敲击反应间隔时间为985.64±102.88 ms；在双向条件下，高有氧体能组平均敲击反应间隔时间为938.44±58.57 ms，低有氧体能组平均敲击反应间隔时间为979.19±98.84 ms。对受试者2领导的单向条件和双向条件平均敲击反应间隔时间进行独立样本t检验，结果显示：在受试者2领导的单向条件任务中，t=-0.923，P=0.361，在双向条件任务中，t=-1.673，P=0.102，表明高、低有氧体能组的平均敲击反应间隔时间均无显著性差异。（见图13）

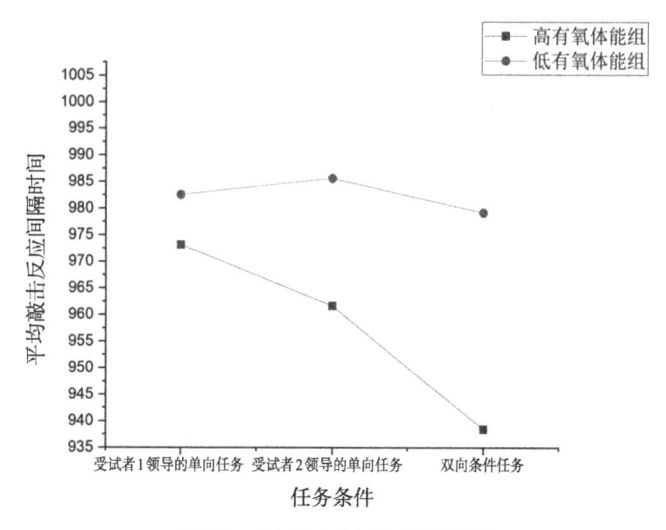

图13 平均敲击反应间隔时间

（2）平均敲击反应间隔时间误差

高、低有氧体能组在单、双向三种条件下的平均敲击反应间隔时间误差，除了受试者1领导的单向任务中的数据不服从正态分布，其余各组数据均服从正态分布。其中，在受试者1领导的单向任务中，高有氧体能组平均敲击反应间隔时间误差为40.11（21.58，92.64）ms，低有氧体能组平均敲击反应间隔时间误差为33.44（18.78，74.61）ms。在受试者2领导的单向任务中，高有氧体能组平均敲击反应间隔时间误差为61.57±45.61 ms，低有氧体能组平均敲击反应间隔时间误差为84.38±57.95 ms。在双向条件任务中，高有氧体能组平均敲击反应间隔时间误差为73.45±41.80 ms，低有氧体能组平均敲击反应间隔时间误差为74.54±66.42 ms。

对平均敲击反应间隔时间误差进行2（组别：高有氧体能组、低有氧体能组）×3（任务条件：受试者1领导的单向任务、受试者2领导的单向任务、双向条件任务）Scheirer-Ray-Hare检验，结果显示：（主体间效应检验）组间不具有显著差异，H=0.005，P=0.94＞0.05；任务条件间不具有显著差异，H=3.86，P=0.15＞0.05；组别×任务条件交互作用不显著，H=2.70，P=0.25＞0.05。（见图14）

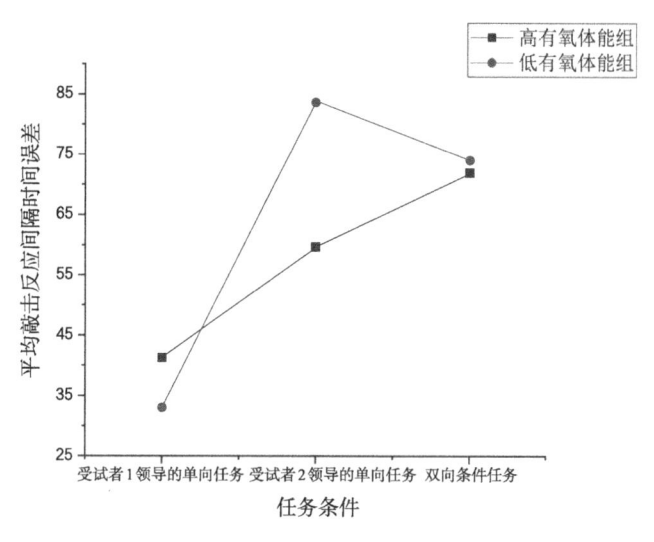

图 14 平均敲击反应间隔时间误差

（3）平均敲击反应间隔时间稳定性

高、低有氧体能组在单、双向三种条件下的平均敲击反应间隔时间稳定性，各组数据均不服从正态分布。

在受试者1领导的单向任务中，高有氧体能组平均敲击反应间隔时间稳定性为84.41±14.50 ms，低有氧体能组平均敲击反应间隔时间稳定性为105.62（84.27，130.81）ms。在受试者2领导的单向任务中，高有氧体能组平均敲击反应间隔时间稳定性为82.94（72.01，103.21）ms，低有氧体能组平均敲击反应间隔时间稳定性为118.34（91.09，155.28）ms。在双向条件任务中，高有氧体能组平均敲击反应间隔时间稳定性为86.53（78.41，107.51）ms，低有氧体能组平均敲击反应间隔时间稳定性为134.76±59.61 ms。

对平均敲击反应间隔时间稳定性进行2（组别：高有氧体能组、低有氧体能组）×3（任务条件：受试者1领导的单向任务、受试者2领导的单向任务、双向条件任务）Scheirer-Ray-Hare检验，结果显示：（主体间效应检验）组别间具有显著差异，H=30.76，P=0＜0.01；任务条件间的差异不具有显著性，H=3.64，P=0.16＞0.05；组别×任务条件交互作用不显著，H=0.25，P=0.88＞0.05。

使用事后多重比较对组别×任务条件交互作用进一步检验。在单、双向三种任务条件敲击下，高有氧体能组平均敲击反应间隔时间稳定性均显著优于低有氧体能组，P＜0.05；高、低有氧体能组在单、双向三种任务条件下平均敲击反应间隔时间稳定性无显著差异，P＞0.05。（见图15）

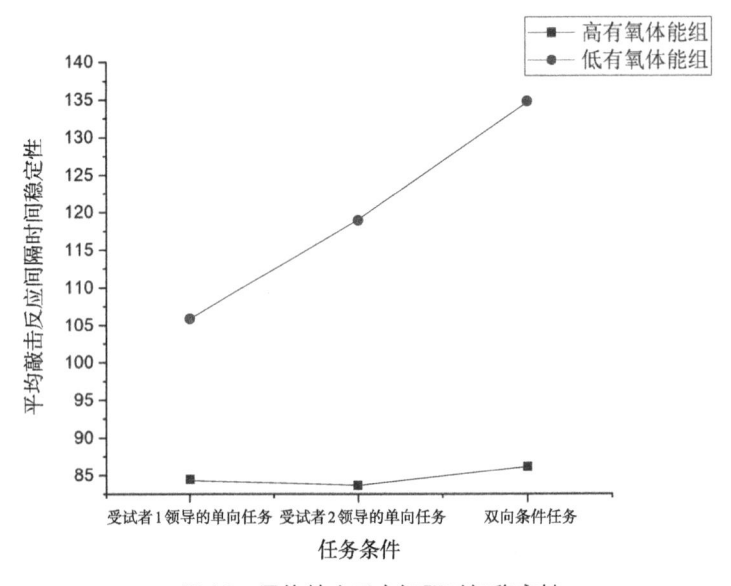

图 15　平均敲击反应间隔时间稳定性

4. 分析讨论

本研究通过使用单、双向条件来对比高、低有氧体能大学生同步性能的差异。在实验结果中，同样对5项指标进行了统计分析。其中点击异步性均值和敲击同步稳定性为衡量感觉运动同步能力的主要指标；其余3项为过程性指标，分别反映了时间的精准程度及把控时间的稳定程度。我们的目的是比较两组人群在单、双向条件下感觉运动同步能力的差异，并分析造成这种差异的原因。

通过实验发现，在单、双向三种任务条件敲击下，高有氧体能组点击异步性均值均显著优于低有氧体能组，组间具有显著差异。之前也有研究对舞蹈运动组进行实验，结果发现舞蹈组的点击异步性均值显著优于对照组，具有较好的同步能力[2]。也有研究者提出了负平均异步性来评价感觉运动同步能力，即在节奏刺激之前进行敲击响应[28]。有研究发现，音乐经验丰富的受试者负平均异步性比没有音乐经验的受试者少，没有经验的受试者在节奏时间的把控过程中更多地采用预测敲击[27]。而本书未对负平均异步性这一指标进行过多的分析，在今后的研究中可加以讨论。

在敲击同步稳定性这一指标上，研究发现，在单、双向三种任务条件敲击下，高有氧体能组敲击同步稳定性均显著优于低有氧体能组，组间具有显著差异。Krause在研究中发现，鼓手和职业钢琴家的敲击同步稳定性要比无音乐经验者好，具有较好的感觉运动同步能力[82]。而且众多研究也表明，在感觉运动同步任务中，经过系统训练的音乐家比无音乐经验者敲击同步稳定性好[65, 100, 101]，说明经过系统训练的音乐家在感觉运动同步的过程中表现得更加稳定。金鑫虹通过研究感觉运动同步稳定性发现，对照组在测试的过程中标准差均表现出变大的趋势，且同步稳定性较差。但舞蹈者在刺激条件下表现出较小的变化趋势，节奏更加稳定，同步更加准确[2]。Krause等[82]和Hove等[102]的研究也认同了上述观点：无音乐经验的人敲击同步稳定性更差。也有大量的研究认为长期的经验及专项训练能提高感觉运动同步能力的敲击同步稳定性，但还需进一步证实。

本书通过实验发现，在单、双向三种敲击条件下，高、低有氧体能组的平均敲击反应间隔时间及平均敲击反应间隔时间误差均无显著差异。而有研究发现，舞蹈者相比于对照组具有更好的感觉运动同步能力，而且他们对时间的把控更加精确，动作同步准确性更高[1, 103, 104]。这一结果与金鑫虹的研究一致，舞蹈者在感觉运动同步过程中准确性更高，这可能缘于长期接受舞蹈训练，并对节奏感较为敏感[2]。个体在400—600 ms节奏中敲击同步能力表现得更为精确，而最佳的区间为2 Hz左右[28, 105, 106]。在平均敲击反应间隔时间稳定性这一指标上，本研究发现，在单、双向三种任务条件敲击下，高有氧体能组平均敲击反应间隔时间稳定性均显著优于低有氧体能组。有研究发现，随着间隔时间的增加，受试者在较长时间的间隔任务中感觉运动同步反应间隔稳定性会越来越差[2]。高有氧体能组在单、双向三种条件下能更好地保持敲击同步稳定性，可能与长期的训练相关，其反应间隔时间动作同步更加稳定、准确。高有氧体能人群在运动过程中通过准确地协调自身来完成动作，在感觉运动同步能力中表现出优势显著且稳定。

在Noy等的研究中发现了感觉运动同步在不同条件下的差异。在没有音乐训练的即兴同步任务中，在双向条件下比在单向条件下表现得更差。造成这一结果的原因可能是非音乐家很难执行即兴同步任务，但可以领导者—追随者的方式进行。这一现象表明，个体的感觉运动同步能力可能表现出交互效应[107]。也有研究发现双向条件下的同步性能比单向条件下更同步，这一结果与以往研究的主要结果一致[107-109]。Dai等对任务表现的分析显示，在双向条件下，参与者与他人的同步能力与与计算机的同步能力相同，并认为双向条件下的表现优于单向条件下的表现，主要因为双向条件下表现出较高的误差修正，在双向条件下纠正了更多的错误。对双向条件敲击中主要依赖听觉辨别、存在预定的节奏，且处在双向条件下的两个伙伴同时进行纠错发现，双向条件下纠正错误的能力优于单向条件下。而单向的条件是不同的，可以由追随者单独纠正同步错误，因为领导者不能听到追随者的敲击声。大多数参与者说，当他们是领导者，他们总在模仿追随者的敲击声。领导者的行为对追随者来说是独立的，追随者需要付出更多的努力来预测领导者的行为[110]。

综上所述，本研究选取了单、双向三种条件敲击任务，对高、低有氧体能人群感觉运动同步能力进行了探讨。基于以上行为数据结果发现，高有氧体能人群在同步过程中存在行为优势，在对时间的精准程度及稳定程度的把控上做得更好，对听觉节奏更加敏感。

九、总讨论

虽然感觉运动同步能力自提出以来已经历了100多年的研究，但其机制尚未被完全阐述清楚。感觉运动同步作为一种精确、灵活的行为控制，对于人类日常生活中的行为至关重要，特别表现在计时接球、跳舞、在驾车过程中等交通信号灯、演奏乐器等动作中[111]。精确的行为控制需要通过适当的动作顺序及正确的时间来实现。然而，由于外界环境是在不断变化的，为了适应环境条件的快速变化，在完成技能的过程中，需要对各个相应的环节做出一定的调整。例如，人的体型发生一定的变化，其神经传递也会发生相应的改变。从这一点可以看出，感觉运动同步表现为一个对外界刺激持续的重新校准过程[112, 113]，表现在动作和行为应该何时、如何发出上。因此，感觉运动同步能力的强弱受精确机制、稳定机制和校正机制的共同影响。

有氧运动涉及大量的运动周期性，体育运动过程中的一个重要表现即为动作行为节奏的变化，而这一动作表现又与感觉运动同步能力的相关指标较为相似。如今，关于有氧体能促进感觉运动同步能力的研究较少，且任务过程中的机制也不是十分清楚。基于此，本研究通过比较高有氧体能和低有氧体能两种人群在双人感觉运动同步任务中的行为表现，并根据任务的形成机制来探寻产生差异的原因。通过两个实验，分别从三种不同敲击比率，以及单、双向三种条件探讨高、低有氧体能男大学生的差异，结果发现高有氧体能组在任务中的表现明显比低有氧体能组稳定，敲击稳定性更好，同步表现能力更优越。

之前很多关于感觉运动同步的研究都从个体动态特性的角度来考虑这一现象[114]，或者从社会心理学的角度[115, 116]来考虑这一现象。在本研究中，我们发现，在一个同步的敲击任务中，没有证据直接表明领导者——追随者的敲击策略，而表现为在较短的毫秒时间跨度上持续地相互适应，以达到同步的稳定性。然而，成功的敲击同步不仅基于合作伙伴对敲击行为的预测的准确性，也许更基于双方对当前敲击行为同步的相互适应性[117]。高有氧体能人群相比于低有氧体能人群感觉运动同步能力更高，具有更好的同步精确性和稳定性。有研究认为，造成的差距可能是高有氧体能人群的大脑神经活动能量更多，调用的注意资源也更多，且注意资源分配呈节省化特征。金鑫虹也表明舞蹈者同步优势是由大脑神经振荡与外界信号刺激的同步性响应增强造成的[2]。越来越多的研究表明，"运动大脑"是个体模态加工和神经元网络的一部分，并对人们的时间调节把控能力起着重要作用[94]，会对有节奏的动作同步更加敏感，并抑制干扰节奏的影响[118]。

根据共振理论，内部振荡器会进行层次化组织，将帮助个体适应周期性的节奏规律[119, 120]。而且，感觉运动同步还涉及大脑神经活动，通过周期性的信号刺激增强个体的神经活动，以此提高个体的节奏信息输入的表现[121-123]。而Dai在研究中从整体的角度出发，提出了"整体认知和神经过程"，利用信息处理理论和方法来阐释感觉运动同步内部的认知过程。通过使用fNIRS超扫描进行了一个包括双向和单向条件的联合敲击实验，以评估这些整体过程对同步性能的影响。发现在这两种情况下，二人组的表现与整体认知过程的综合效应高度相关[110]。也有很多单人同步研究为阐释感觉运动同步能力的神经机制提供了有用的证据，提出纹状体——丘脑——皮质系统参与了时间过程，而运动和感觉（如听觉）区域的耦合参与了节奏感知同步，小脑对于预测和错误节奏纠正至关重要。在复杂的同步任务中，还发现了前额叶和顶叶区域的激活现象[28, 124]。研究发现小脑—皮质环路可能参与感觉运动同步，因为小脑不仅对于运动时间很重要[125, 126]，而且对于反馈学习[127]、时间预测[128]和感觉运动同步内部建模也有十分重要的作用[129-131]。Dai等在研究中也指出在双向和单向条件下的整体神经过程是不同的。单向条件下右侧PFC的脑间神经耦合明显高于双向条件下。这也表明了在感觉运动同步能力中存在整体水平上的神经标记物[110]。其他人在合作敲击任务中也报道了右侧PFC的神经耦合，这可能涉及他人的心理状态和预测他人的行为[132-134]。由此可见，感觉运动同步能力也与个体的大脑神经系统息息相关，在今后的研究中可以更多地探讨高、低有氧体能人群的感觉运动同步能力的神经机制。

十、结论与展望

（一）结论

1.高、低两种有氧体能水平男大学生感觉运动同步能力存在明显差异，高有氧体能组男大学生感觉运动同步能力明显优于低有氧体能组。

2.高有氧体能水平男大学生在时间较短的间隔任务中能保持较好的敲击同步稳定；低有氧体能水平男大学生则需要进行不断的校正，才能保持敲击同步稳定。

（二）展望

本研究采用的两种实验范式较为简单，而且刺激材料为较简单的听觉节奏刺激，并未包括视觉刺激及体育运动相关技术动作的实验范式。在今后的实验中可以涉及一些具体的技术动作范式，以深入探讨有氧体能人群的感觉运动同步能力。

本研究发现有氧体能水平可对个体的感觉运动同步能力产生一定的促进作用。本书仅通过单次实验进行分析，未涉及长时间的干预方案。在今后的研究中可以进一步探索运动干预手段在有氧体能人群感觉运动同步能力研究中的应用。

本研究仅对高、低有氧体能人群进行行为学实验，并未进行关于大脑结构功能特征的更深层次的探索。今后的研究可以考虑采用近红外设备、功能磁共振或脑磁图技术探索社会互动中的脑间机制。

十一、参考文献

[1]H R B.Sensorimotor Synchronization: A Review of the Tapping Literature[J]. Psychonomic Bulletin&Review, 2005, 12(6).

[2]金鑫虹.体育舞蹈运动员节奏感知的行为特征及其机制研究[D]. 上海体育学院, 2021.

[3]M L T, Hajime O, Neil S.Training in Timing Improves Accuracy in Golf[J]. The Journal of General Psychology, 2002, 129(1).

[4]M J A, H C.The Effect of Endurance Training on Parameters of Aerobic Fitness[J]. Sports Medicine(Auckland, N Z), 2000, 29(6).

[5]H H C, P W E, M H J, et al.The Relationship of Age and Cardiovascular Fitness to Cognitive and Motor Processes[J]. Psychophysiology, 2002, 39(3).

[6]H H C, M B S, R T J, et al.Aerobic Fitness and Cognitive Development: Event-related Brain Potential and Task Performance Indices of Executive Control in Preadolescent Children[J]. Developmental Psychology, 2009, 45(1).

[7]H H C, M C D, M B S.Aerobic Fitness and Neurocognitive Function in Healthy Preadolescent Children[J]. Medicine and Science in Sports and Exercise, 2005, 37(11).

[8]Kramer A F, Colcombe S J, McAuley E, et al.Fitness, Aging and Neurocognitive Function[J]. Neurobiology of Aging, 2005, 26(1).

[9]A H E.Cardiorespiratory Fitness and Motor Skills in Relation to

Cognition and Academic Performance in Children — A Review[J]. Journal of Human Kinetics, 2013, 36(1).

[10]M C D, H H C, M B S, et al.Physical Fitness and Academic Achievement in Third and Fifth Grade Students[J]. Journal of Sport&Exercise Psychology, 2007, 29(2).

[11]Albinet C T, EMandrick K E, Bernard P L, et al.Improved Cerebral Oxygenation Response and Executive Performance as A Function of Cardiorespiratory Fitness in Older Women: A fNIRS Study[J]. Frontiers in Aging Neuroscience, 2014, 6.

[12]Weinstein A M, Voss M W, Prakash R S, et al.The Association between Aerobic Fitness and Executive Function is Mediated by Prefrontal Cortex Volume[J]. Brain Behavior and Immunity, 2012, 26(5).

[13]A B E, A S S, M O J, et al.Cardiorespiratory Fitness is Associated with Brain Structure, Cognition, and Mood in A Middle-aged Cohort at Risk for Alzheimer's Disease[J]. Brain Imaging and Behavior, 2015, 9(3).

[14]Voss M W, Erickson K I, Prakash R S, et al.Functional Connectivity: A Source of Variance in the Association between Cardiorespiratory Fitness and Cognition[J]. Neuropsychologia, 2010, 48(5).

[15]Mélody B, Jean Michel A, Jessica T.Is there A Link between Sensorimotor Coordination and Inter-manual Coordination?Differential Effects of Auditory and/or Visual Rhythmic Stimulations[J]. Experimental Brain Research, 2015, 233(11).

[16]Masahiro O, Masahiro S, Kazutoshi K.Paired Synchronous Rhythmic Finger Tapping without An External Timing Cue Shows Greater Speed Increases Relative to Those for Solo Tapping[J]. Scientific Reports, 2017, 7(1).

[17]Henkjan H.Without It No Music: Beat Induction as A Fundamental

Musical Trait[J]. Annals of the New York Academy of Sciences, 2012, 1252(1).

[18]Van Ulzen N R, Lamoth C J C, Daffertshofer A, et al.Characteristics of Instructed and Uninstructed Interpersonal Coordination while Walking Side-by-side[J]. Neuroscience Letters, 2007, 432(2).

[19]P E Keller M A.Individual Differences, Auditory Imagery, and the Coordination of Body Movements and Sounds in Musical Ensembles[J]. Music Perception: An Interdisciplinary Journal, 2010, 28(1).

[20]M W A, C W.The Coordination and Consistency of Rowers in A Racing Eight[J]. Journal of Sports Sciences, 1995, 13(3).

[21]Hasson U, Ghazanfar A A, Galantucci B, et al.Brain-to-brain Coupling: A Mechanism for Creating and Sharing A Social World[J]. Trends in Cognitive Sciences, 2011, 16(2).

[22]Cohen E, Mundry R, Kirschner S.Religion, Synchrony and Cooperation[J]. Religion, Brain&Behavior, 2013, 4(1).

[23]Valdesolo P, Ouyang J, De Steno D.The Rhythm of Joint Action: Synchrony Promotes Cooperative Ability[J]. Journal of Experimental Social Psychology, 2010, 46(4).

[24]Drake C, Jones M R, Baruch C.The Development of Rhythmic Attending in Auditory Sequences: Attunement, Referent Period, Focal Attending[J]. Cognition, 2000, 77(3).

[25]Provasi J.Spontaneous Motor Tempo and Rhythmical Synchronisation in 2½-and-4-year-old Children[J]. International Journal of Behavioral Development, 2003, 27(3).

[26]Marcel Z, Tuomas E.Rhythmic Engagement with Music in Infancy[J]. Proceedings of the National Academy of Sciences of the United States of America, 2010, 107(13).

[27]Aschersleben G.Temporal Control of Movements in Sensorimotor Synchronization[J]. Brain and Cognition, 2002, 48(1).

[28]H R B, Yi-Huang S.Sensorimotor Synchronization: A Review of Recent Research (2006–2012)[J]. Psychonomic Bulletin&Review, 2013, 20(3).

[29]Van Noorden L D B L.The Development of Synchronization Skills of Children 3 to 11 Years Old[J]. Proceedings of ESCOM — 7th Triennial Conference of the European Society for the Cognitive Sciences of Music, 2009, 82(4).

[30]H R B.Control of Expressive and Metronomic Timing in Pianists[J]. Journal of Motor Behavior, 1999, 31(2).

[31]Corriveau K H, Goswami U.Rhythmic Motor Entrainment in Children with Speech and Language Impairments: Tapping to the Beat[J]. Cortex, 2007, 45(1).

[32]Thomson J M, Fryer B, Maltby J, et al.Auditory and Motor Rhythm Awareness in Adults with Dyslexia[J]. Journal of Research in Reading, 2006, 29(3).

[33]Stevens L T.On the Time-sense[J]. Mind, 1986, 11(43).

[34]Vorberg D, Schulze H.Linear Phase-correction in Synchronization: Predictions, Parameter Estimation and Simulations[J]. Journal of Mathematical Psychology, 2002, 46(1).

[35]M W A, B K A.Response Delays and the Timing of Discrete Motor Responses[J]. Perception&Psychophysics, 1973, 14(1).

[36]D H, P M G.On the Performance and Stability of Human Metronome-synchronization Strategies[J]. The British Journal of Mathematical and Statistical Psychology, 1987, 40(2).

[37]Vorberg D, Wing A.Chapter 4 Modeling Variability and Dependence

in Timing[J]. Handbook of Perception and Action, 1996(2).

[38]D H, P M G.Synchronizing Human Movement with An External Clock Source[J]. Biological Cybernetics, 1987, 56(5-6).

[39]Large E W.On Synchronizing Movements to Music[J]. Human Movement Science, 2000, 19(4).

[40]Repp B H.Processes Underlying Adaptation to Tempo Changes in Sensorimotor Synchronization[J]. Human Movement Science, 2001, 20(3).

[41]H R B.Compensation for Subliminal Timing Perturbations in Perceptual-motor Synchronization[J]. Psychological Research, 2000, 63(2).

[42]H R B.Phase Correction, Phase Resetting and Phase Shifts after Subliminal Timing Perturbations in Sensorimotor Synchronization[J]. Journal of Experimental Psychology.Human Perception and Performance, 2001, 27(3).

[43]Thaut M H, Tian B, Azimi-Sadjadi M R.Rhythmic Finger Tapping to Cosine-wave Modulated Metronome Sequences: Evidence of Subliminal Entrainment[J]. Human Movement Science, 1998, 17(6).

[44]Thaut M H, Kenyon G P.Rapid Motor Adaptations to Subliminal Frequency Shifts during Syncopated Rhythmic Sensorimotor Synchronization[J]. Human Movement Science, 2003, 22(3).

[45]H R B, E K P.Adaptation to Tempo Changes in Sensorimotor Synchronization: Effects of Intention, Attention and Awareness[J]. The Quarterly Journal of Experimental Psychology, 2004, 57(3).

[46]J M.A Model of Synchronization of Motor Acts to A Stimulus Sequence-I.Timing and Error Corrections[J]. Biological Cybernetics, 1994, 70(5).

[47]H H Schulze A C D V.Keeping Synchrony while Tempo Changes: Accelerando and Ritardando[J]. Music Perception: An Interdisciplinary Journal,

2005, 22(3).

[48]J M.A Model of Synchronization of Motor Acts to A Stimulus Sequence-II.Stability Analysis, Error Estimation and Simulations[J]. Biological Cybernetics, 1994, 70(5).

[49]Repp B H.On the Nature of Phase Attraction in Sensorimotor Synchronization with Interleaved Auditory Sequences[J]. Human Movement Science, 2004, 23(3).

[50]Repp B H, Keller P E. Adaptation to Tempo Changes in Sensorimotor Synchronization: Effects of Intention, Attention and Awareness[J]. Quarterly Journal of Experimental Psychology Section A, 2004, 57(3): 499-521.

[51]Ahissar M, Keller P E, Jacoby N, et al.Parameter Estimation of Linear Sensorimotor Synchronization Models: Phase Correction, Period Correction and Ensemble Synchronization[J]. Timing&Time Perception, 2015, 3(1-2).

[52]C A A. On Least Squares and Linear Combination of Observations[J]. Proceedings of the Royal Society of Edinburgh, 1936, 55.

[53]Keele S W, Hawkins H L.Explorations of Individual Differences Relevant to High Level Skill[J]. Journal of Motor Behavior, 2013, 14(1).

[54]W K S, A P R, M C D, et al.Do Perception and Motor Production Share Common Timing Mechanisms: A Correctional Analysis[J]. Acta Psychologica, 1985, 60(2-3).

[55]J P, G J.Spectral Properties of Human Cognition and Skill[J]. Biological Cybernetics, 1997, 76(5).

[56]P F, Stéphane E.Note sur la Possibilité de Syncoper en Fonction du Tempo d'une Cadence[J]. L'année Psychologique, 1955, 55(1).

[57]A K P, M B J.Rhythms and Responses[J]. Journal of Experimental Psychology-Human Perception and Performance, 1985, 11(2).

[58]Peters M.The Relationship between Variability of Intertap Intervals and Interval Duration[J]. Psychological Research, 1989, 51(1).

[59]Repp B H.Metrical Subdivision Results in Subjective Slowing of the Beat[J]. Music Perception: An Interdisciplinary Journal, 2008, 26(1).

[60]B R Zendel B R T F.Reply to Repp's(2012)Commentary on "the Effects of Stimulus Rate and Tapping Rate on Tapping Performance"[J]. Music Perception, 2012, 29(4).

[61]B R Zendel B R T F.The Effects of Stimulus Rate and Tapping Rate on Tapping Performance[J]. Music Perception: An Interdisciplinary Journal, 2011, 29(1).

[62]H R B.Perceiving the Numerosity of Rapidly Occurring Auditory Events in Metrical and Nonmetrical Contexts[J]. Perception&Psychophysics, 2007, 69(4).

[63]Buonomano D V, Laje R.Population Clocks: Motor Timing with Neural Dynamics[J]. Trends in Cognitive Sciences, 2010, 14(12).

[64]Egan C D, Verheul M H G, Savelsbergh G J P.Effects of Experience on the Coordination of Internally and Externally Timed Soccer Kicks[J]. Journal of Motor Behavior, 2010, 39(5).

[65]Repp B H.Sensorimotor Synchronization and Perception of Timing: Effects of Music Training and Task Experience[J]. Human Movement Science, 2009, 29(2).

[66]Akito M, Shinya F, Masahiro O, et al.Finger-to-beat Coordination Skill of Non-dancers, Street Dancers, and the World Champion of A Street-dance Competition[J]. Frontiers in Psychology, 2016, 7.

[67]Ivry R B.The Representation of Temporal Information in Perception and Motor Control[J]. Current Opinion in Neurobiology, 1996, 6(6).

[68]D M M, P R B.Learning-dependent Timing of Pavlovian Eyelid Responses: Differential Conditioning Using Multiple Interstimulus Intervals[J]. Behavioral Neuroscience, 1992, 106(4).

[69]V M D, N A R, A J R.Motor Timing Learned without Motor Training[J]. Nature Neuroscience, 2000, 3(9).

[70]F M J, R C M, G L S.The Representation of Time for Motor Learning[J]. Neuron, 2005, 45(1).

[71]B B R, N S J. Cognitive Channels Computing Action Distance and Direction[J]. The Journal of Neuroscience: the Official Journal of the Society for Neuroscience, 1998, 18(18).

[72]Sommer M H C K B.Timing Training in Female Soccer Players: Effects on Skilled Movement Performance and Brain Responses[J]. Frontiers in Human Neuroscience, 2018, 12.

[73]Sommer M, Rönnqvist L.Improved Motor-timing: Effects of Synchronized Metro-nome Training on Golf Shot Accuracy[J]. Journal of Sports Science and Medicine, 2009, 8(4).

[74]Marius S, Charlotte H, Louise R.Synchronized Metronome Training Induces Changes in the Kinematic Properties of the Golf Swing[J]. Sports Biomechanics, 2014, 13(1).

[75]S K J A, P S J, G S.Nonequilibrium Phase Transitions in Coordinated Biological Motion: Critical Fluctuations[J]. Physics Letters A, 1986, 118(6).

[76]H T M.Neural Basis of Rhythmic Timing Networks in the Human Brain[J]. Annals of the New York Academy of Sciences, 2003, 999.

[77]Zachopoulou E, Mantis K, Serbezis V, et al.Differentiation of Parameters for Rhythmic Ability among Young Tennis Players, Basketball Players and Swimmers[J]. Physical Education&Sport Pedagogy, 2000, 5(2).

[78]R K U, V B D.Temporal Specificity of Perceptual Learning in An Auditory Discrimination Task[J]. Learning&Memory(Cold Spring Harbor, N Y), 2003, 10(2).

[79]Keren-Happuch E, Annabel C S, Ringo H M, et al.A Meta-analysis of Cerebellar Contributions to Higher Cognition from PET and Fmri Studies[J]. Human Brain Mapping, 2014, 35(2).

[80]Rammsayer T H, Brandler S.Performance on Temporal Information Processing as An Index of General Intelligence[J]. Intelligence, 2006, 35(2).

[81]Taub G E, McGrew K S, Keith T Z.Improvements in Interval Time Tracking and Effects on Reading Achievement[J]. Psychology in the Schools, 2007, 44(8).

[82]Krause V, Pollok B, Schnitzler A.Perception in Action: the Impact of Sensory Information on Sensorimotor Synchronization in Musicians and Non-musicians[J]. Acta Psychologica, 2009, 133(1).

[83]F M T, Eckart A, Lutz J.The Musician's Brain as A Model of Neuroplasticity[J]. Neuroscience, 2002, 3(6).

[84]Xinhong J, Biye W, Yuanxin L, et al.Does Dance Training Influence Beat Sensorimotor Synchronization?Differences in Finger-tapping Sensorimotor Synchronization between Competitive Ballroom Dancers and Nondancers[J]. Experimental Brain Research, 2019, 237(3).

[85]Daisuke S, Tomohisa O, Manabu H, et al.Practice Makes Perfect: the Neural Substrates of Tactile Discrimination by Mah-jong Experts Include the Primary Visual Cortex[J]. BMC Neuroscience, 2006, 7(1).

[86]Zampini M, Brown T, Shore D I, et al.Audiotactile Temporal Order Judgments[J]. Acta Psychologica, 2005, 118(3).

[87]Massimiliano Z, I S D, Charles S.Audiovisual Temporal Order Judgments[J]. Experimental Brain Research, 2003, 152(2).

[88]B H Repp R D.Tapping to A Very Slow Beat: A Comparison of Musicians and Nonmusicians[J]. Music Perception: An Interdisciplinary Journal, 2007, 24(4).

[89]Nathalie E, Séverine S.Auditory Discrimination of Anisochrony: Influence of the Tempo and Musical Backgrounds of Listeners[J]. Brain and Cognition, 2005, 58(1).

[90]S Fujii M H K K.Synchronization Error of Drum Kit Playing with A Metronome at Different Tempi by Professional Drummers[J]. Music Perception: An Interdisciplinary Journal, 2011, 28(5).

[91]Di Nota Paula M, M C J, R L G, et al.Experience-dependent Modulation of Alpha and Beta during Action Observation and Motor Imagery[J]. BMC Neuroscience, 2017, 18(1).

[92]Pauline T, M S M, Marcello G, et al.Feeling the Beat: Bouncing Synchronization to Vibrotactile Music in Hearing and Early Deaf People[J]. Frontiers in Neuroscience, 2017, 11.

[93]Dixon N F, Spitz L.The Detection of Auditory Visual Desynchrony[J]. Perception, 1980, 9(6).

[94]Merchat H, Yarrow K.How the Motor System Both Encodes and Influences Our Sense of Time[J]. Current Opinion in Behavioral Sciences, 2016(8).

[95]Merchant H, Harrington D L, Meck W H.Neural Basis of the Perception and Estimation of Time[J]. Annual Review of Neuroscience, 2013, 36(1).

[96]Françoise M, Jennifer C, Franck V.The Supplementary Motor Area in Motor and Perceptual Time Processing: Fmri Studies[J]. Cognitive Processing, 2006, 7(2).

[97]Harrington D L, Harrington D L, Castillo G N, et al.Neural Underpinnings of Distortions in the Experience of Time Across Senses[J]. Frontiers in Integrative Neuroscience, 2011, 5.

[98]J J K, L S F, S K J A.Functional MRI Reveals the Existence of Modality and Coordination-dependent Timing Networks[J]. NeuroImage, 2005, 25(4).

[99]Frey J N, Ruhnau P, Weisz N.Not So Different after All: the Same Oscillatory Processes Support Different Types of Attention[J]. Brain Research, 2015, 1626.

[100]Rasmus B.Estimating the Distribution of Sensorimotor Synchronization Data: A Bayesian Hierarchical Modeling Approach[J]. Behavior Research Methods, 2016, 48(2).

[101]B H Repp J L P K.Systematic Distortions in Musicians Reproduction of Cyclic Three-interval Rhythms[J]. Music Perception: An Interdisciplinary Journal, 2013, 30(3).

[102]J H M, J S M, L K C.Compatibility of Motion Facilitates Visuomotor Synchronization[J]. Journal of Experimental Psychology.Human Perception and Performance, 2010, 36(6).

[103]Delignières D, Lemoine L, Torre K.Time Intervals Production in Tapping and Oscillatory Motion[J]. Human Movement Science, 2004, 23(2).

[104]Spencer R M C, Zelaznik H N, Diedrichsen J, et al. Disrupted Timing of Discontinuous But Not Continuous Movements by Cerebellar Lesions[J]. Science, 2003, 300(5624).

[105]Rajendran V G, Teki S, Schnupp J W H.Temporal Processing in Audition: Insights from Music[J]. Neuroscience, 2017, 389.

[106]Will U, Berg E.Brain Wave Synchronization and Entrainment to Periodic Acoustic Stimuli[J]. Neuroscience Letters, 2007, 424(1).

[107]Lior N, Erez D, Uri A.The Mirror Game as A Paradigm for Studying the Dynamics of Two People Improvising Motion Together[J]. Proceedings of the National Academy of Sciences of the United States of America, 2011, 108(52).

[108]T F M, Petr J, E K P.Being and Feeling in Sync with An Adaptive Virtual Partner: Brain Mechanisms Underlying Dynamic Cooperativity[J]. Cerebral Cortex(New York, N Y: 1991), 2013, 23(11).

[109]Ivana K, Peter V, Andreas R, et al.Follow You, Follow Me: Continuous Mutual Prediction and Adaptation in Joint Tapping[J]. Quarterly Journal of Experimental Psychology(2006), 2010, 63(11).

[110]Ruina D, Ran L, Tao L, et al.Holistic Cognitive and Neural Processes: A Fnirs-hyperscanning Study on Interpersonal Sensorimotor Synchronization[J]. Social Cognitive and Affective Neuroscience, 2018, 13(11).

[111]Yoshimori S, Mirjam K, Jean V.Audio-motor But Not Visuo-motor Temporal Recalibration Speeds up Sensory Processing[J]. PLOS ONE, 2017, 12(12).

[112]Max-Philipp S, Florian O, Christos G.Forward Model Deficits and Enhanced Motor Noise in Tourette Syndrome[J]. Brain: A Journal of Neurology, 2019, 142(10).

[113]Parsons B D, Novich S D, Eagleman D M, et al.Motor-sensory Recalibration Modulates Perceived Simultaneity of Cross-modal Events at Different Distances[J]. Frontiers in Psychology, 2013, 4.

[114]H H, A K J, H B.A Theoretical Model of Phase Transitions in Human Hand Movements[J]. Biological Cybernetics, 1985, 51(5).

[115]Bernieri F J.Coordinated Movement and Rapport in Teacher-student Interactions[J]. Journal of Nonverbal Behavior, 1988, 12(2).

[116]C S R, M B, A F P, et al.A Comparison of Intra-and Interpersonal Interlimb Coordination: Coordination Breakdowns and Coupling Strength[J]. Journal of Experimental Psychology.Human Perception and Performance, 1998, 24(3).

[117]Günther K, Scott J J.Action Coordination in Groups and Individuals: Learning Anticipatory Control[J]. Journal of Experimental Psychology, 2003, 29(5).

[118]Benjamin M, E S C, Valentin W.Motor Contributions to the Temporal Precision of Auditory Attention[J]. Nature Communications, 2014, 5(1).

[119]W L E, S S J.Pulse and Meter as Neural Resonance[J]. Annals of the New York Academy of Sciences, 2009, 1169(1).

[120]Large E W, Palmer C.Perceiving Temporal Regularity in Music[J]. Cognitive Science, 2002, 26(1).

[121]Sylvie N, Isabelle P, Marcus M, et al.Tagging the Neuronal Entrainment to Beat and Meter[J]. The Journal of Neuroscience: the Official Journal of the Society for Neuroscience, 2011, 31(28).

[122]Nozaradan S, Schönwiesner M, Caron-Desrochers L, et al.Enhanced Brainstem and Cortical Encoding of Sound during Synchronized Movement[J]. NeuroImage, 2016, 142.

[123]Jan S, Guilherme W, Matthias W.Neural Entrainment to Polyrhythms: A Comparison of Musicians and Non-musicians[J]. Frontiers in Neuroscience, 2017, 11.

[124]E K P, Giacomo N, J H M.Rhythm in Joint Action: Psychological and Neurophysiological Mechanisms for Real-time Interpersonal Coordination[J]. Biological Sciences, 2014, 369(1658).

[125]Lvry R.Cerebellar Timing Systems[J]. International Review of Neurobiology, 1997, 41.

[126]B P V, J Z R, C E A.Cerebellar Contributions to Motor Timing: A PET Study of Auditory and Visual Rhythm Reproduction[J]. Journal of Cognitive Neuroscience, 1998, 10(6).

[127]Doya K.What are the Computations of the Cerebellum, the Basal Ganglia and the Cerebral Cortex[J]. Neural Networks, 1999, 12(7).

[128]D T C, J K J.Anticipatory Cerebellar Responses during Somatosensory Omission in Man[J]. Human Brain Mapping, 2000, 9(3).

[129]Miall R C, Reckess G Z.The Cerebellum and the Timing of Coordinated Eye and Hand Tracking[J]. Brain and Cognition, 2002, 48(1).

[130]Wolpert D M, Miall R C, Kawato M.Internal Models in the Cerebellum[J]. Trends in Cognitive Sciences, 1998, 2(9).

[131]M R S, L H D, Y H K, et al.Distributed Neural Systems Underlying the Timing of Movements[J]. The Journal of Neuroscience: the Official Journal of the Society for Neuroscience, 1997, 17(14).

[132]M B J, Ning L, Xu C, et al.Sex Differences in Neural and Behavioral Signatures of Cooperation Revealed by fNIRS Hyperscanning[J]. Scientific Reports, 2016, 6(1).

[133]Cui X, Bryant D M, Reiss A L.fNIRS-based Hyperscanning Reveals Increased Interpersonal Coherence in Superior Frontal Cortex during Cooperation[J]. Neuroimage, 2012, 59(3).

[134]Yafeng P, Xiaojun C, Zhenxin Z, et al.Cooperation in Lovers: An fNIRS-based Hyperscanning Study[J]. Human Brain Mapping, 2017, 38(2).

成果支撑：戴声豫.高低有氧体能水平男大学生感觉运动同步能力的差异[D].首都体育学院，2023.（指导教师：文世林）

第二部分：周期性项目运动员在不同敲击比率任务中感觉运动同步能力特征及脑间同步机制研究

本部分包括两项研究，其中一项为行为学研究，另一项为近红外光谱（fNIRS）研究，检验周期性运动员不同敲击比率任务中感觉运动同步能力与脑间同步能力的关系。课题组采用相关的五个指标来评价感觉运动同步能力，比较高有氧体能人群和低有氧体能人群在不同敲击比率任务中的差异，并应用fNIRS监测计算上述两组人群的脑间同步。实验结果显示，高有氧体能组在不同敲击比率任务中表现出的感觉运动同步能力优于低有氧体能组，前者在右侧额中回和左侧额上回出现了更强的脑间同步，且感觉运动同步的行为表现与脑间同步存在一定的相关性。

一、研究背景

在人的整个生命周期中，大脑不断产生新的神经元。有研究发现，有氧运动能够引发人脑产生新的神经元[1, 2]，并且使人脑的局部区域功能产生有益的变化。有氧运动可以促进大脑发育，有益于大脑功能，特别是复杂的认知能力，如规划能力、任务之间切换能力和多任务处理能力，同时可以促进中枢神经系统和学习记忆功能的发展。

人类生活在一个不断演变的环境中。因此，适应行为要求个体加快或减慢自发的运动动作的节奏，以促进与环境中存在的个人和物体的顺利互动[3]。这种运动计时能力通常以感觉运动同步任务来评估。执行感觉运动同步任务由很多认知过程组成。认知是人的最基本的心理行为，表现为获得知识、应用知识、信息加工的过程。在篮球、足球、排球等团队合作的运动中，日常训练的目的除了提升运动员自身的专业技能，还包括不断磨炼团队各成员之间的合作和配合，在领会队员间的一句话、一个眼神或是队友对其行为的预判的同时，大脑也产生了同步。在跳高、跳远、三级跳等田径运动中，良好的节奏感有助于运动员控制助跑时的步频和步长，准确地踏到起跳点，同时避免违例而出现无效成绩，以获取更好的运动成绩。因此，在日常训练中，节奏感及感觉运动训练至关重要。

"步调一致"和"志同道合"都是形容社会同步或与他人同步的。近年来，研究"双脑"的神经科学越来越多，其实验范式也越来越多样、复杂。如在任务状况下检验大脑功能的连通性：模仿、合作、竞争。合作表现为个人或团体之间的联合行动，可以在人们相互协作的同时实现共同目标[4]。联合行动中个体在时间和空间维度上协调各自的行为，以达到共同的目标（如同步舞蹈、同步歌唱、模仿等）[5]。众所周知，篮球、乒乓球双打等需要两个或更多人合作，以实现共同目标。

社会互动对于我们的认知和健康至关重要，人与人的社会互动是认知的核心特征。当人与人互动，行为同步时，大脑也会同时出现耦合，产生大脑间的同步。超扫描能够同时测量多人的大脑活动。在近十几年里，功能性近红外光谱的非侵入性成像的方法成为被最广泛使用的超扫描方式之一，同时也被称为研究运动范例的首选工具。超扫描通过整合来自大脑和行为的数据，进一步研究执行某种行为时与大脑某脑区之间的关系。相互作用的大脑存在于相互作用的身体之中。视觉、听觉和运动过程调节了两个大脑之间的所有关系，所以我们必须把大脑与身体协调结合起来研究。

通过捕捉并分析参与者的行为数据，考虑社会互动中的每个个体如何以自己的行为向他人发出信号，并从他人那里接收社会信息[6]，创造一种自然而有意义的社会互动，参与者可以进行各种各样的社会行为。在更自然的任务场景中，人们可以在更长的时间内一起工作，互相观察并回应，会发现在受控的实验室情境中被抑制的不同的社会行为或社会大脑活动模式。捕捉并分析参与者在进行自然互动时大脑和身体的数据，将有可能了解社会大脑的协调如何体现在社会身体的互动中。

二、研究目的

前人的研究虽验证了不同人群之间感觉运动同步能力的差异，或对有氧运动对大脑产生的积极影响进行了探索，但是，关于有氧体能在不同比率敲击下对大脑的感觉运动同步影响还很少涉及。为了阐明人际协调的神经机制、交互任务中两个大脑的同步，以及脑间同步与行为表现之间的关系，进行了本研究。

本研究通过1000米跑成绩，并结合测量的生理指标评估受试者的有氧能力，将受试者分为高有氧体能组和低有氧体能组。基于fNIRS技术，通过改变两人同步任务的敲击比率，增加同步敲击难度，探讨不同有氧体能大学生在感觉运动同步任务中行为与脑之间存在的差异。目的在于：分析有氧体能能否对不同敲击比率的感觉运动同步行为表现产生影响；探寻在不同敲击比率的感觉同步任务中是否会出现脑间同步，若出现脑间同步，两种人群的脑间同步是否存在差异。

三、研究意义

运用现代技术分析高、低有氧体能大学生在不同敲击比率下的感觉运动同步行为表现有助于探索有氧体能对较复杂的感觉运动同步的影响。分析高、低有氧体能大学生在不同敲击比率下的感觉运动同步大脑血流变化有助于进一步探讨有氧运动对大脑产生的影响，利用脑科学为"运动有利于脑健康"提供更多的有力支撑。

四、研究任务

不同有氧体能大学生在进行较复杂的感觉运动同步时，行为表现是否存在差异。

探究若不同水平的有氧体能影响感觉运动同步能力，则会影响感觉运动同步能力的哪些方面。

实验使用5个指标分析影响同步的机制。其中，双人敲击的同步能力以点击异步性均值指标来评价，双人的同步稳定能力以敲击同步稳定性指标来评价；单人的时间感知能力以平均敲击反应间隔时间指标来评价，单人的时间精准能力以平均敲击反应间隔时间误差指标来评价，单人的时间稳定能力以平均敲击反应间隔时间稳定性指标来评价。

实验的目的是得出不同有氧体能大学生在进行较复杂的感觉运动同步时，大脑间是否会出现同步，高、低有氧体能大学生的脑间同步是否存在差异。

部分研究已发现，当两人或两人以上进行合作任务时，会出现脑间同步。但脑间同步是否会随着感觉运动同步任务条件的改变和任务难度的增加而发生改变，目前尚未被研究或发现；高、低有氧体能大学生进行不同敲击比率任务时的脑间同步是否存在差异目前也不清楚。

五、文献综述

（一）感觉运动同步

1. 感觉运动同步概念

感觉运动同步指自身有节奏地运动，与外部节奏协调同步，范围表现为从手指与节拍器的同时敲击到音乐合奏表演[7]。

在集体舞蹈和音乐合奏中，人们通过迅速而准确的协调动作来进行互动。这些广泛的社会活动涉及通过多种感觉方式交换信息的时间精确的人际同步[8]。此外，这些社会活动要求个体稳定地协调，以展示他们的表现[7, 9]。先前的研究通过简单的联合敲击任务来检验人际协作的稳定性，例如两个个体之间的同相或反相敲击[7, 10, 11]。

手指敲击与外部节奏（通常由计算机控制）同步出于自身的简单性和悠久的历史，仍然是一种流行的范式。手指敲击仍然是探究感觉运动同步机制最方便的范式。Van Noorden、De Bruyn等对600名3—11岁儿童进行了一项发育性感觉运动同步研究，通过让孩子们听以五种不同节奏演奏的熟悉的音乐，并让他们观看一个人物演示的用棍子敲击鼓来与音乐节拍同步的动画来进行测试。发现最小的孩子通常敲击的频率为2 Hz，不能适应音乐的节奏；但5岁及以上的孩子适应能力明显增强[12]。在手指敲击任务中，有多个评价其同步的指标。其中，异步性指敲击（手指与硬表面之间的接触）的时间与外部节奏中相应事件开始的时间的差异；平均异步通常会出现负值，被称为"负均值异步（negative mean asynchrony，NMA）"；异步标准差（SDasy）是稳定性的指标[7]。已有研究发现，音乐家的NMA往往比非音乐家的小。Krause、Polok、Schnitzler等比较了鼓手、专业钢琴家、业余钢琴家、歌手和非音乐家使用节拍器敲击的NMA（IOI=800 ms），得出鼓手表现出最小的NMA（约20 ms），而其他人的NMA在–50 ms左右[13]。但是，使用简单节拍器敲击，NMA是一个普遍存在，但仍未被完全解释的发现。

目前，除了手指模仿任务[14]，还可采用节奏同步任务[15]、合奏和合唱任务[16]等任务范式来探索感知和运动层面的社会互动，研究个体在执行相同任务时的脑活动。在外在的有规律的刺激（如韵律、节奏等）产生时，个体会将自己的身体运动节奏与外在环境进行统一。如在舞蹈中，舞者一方面通过音乐的节拍表演相应的动作，另一方面通过观看他人的动作来调整自己的身体运动。感觉运动同步在于研究个体对节奏的感知。节奏知觉和时间知觉存在一定的联系，但在机制上仍存在差异。节奏知觉的加工通常为2—3秒，主要依靠小脑等进行自动化加工；而时间知觉通常超过3秒，主要涉及辅助运动区和背外侧前额叶。有研究采用脑磁图进行超扫描发现，感觉运动皮层及其他区域的脑间活动同步与手势同步程度呈正相关[17, 18]。Kuboyama等的研究报告指出，大脑运动皮层的氧合程度与执行手指敲击任务的频率是一致的[19, 20]。

2. 不同敲击比率下的感觉运动同步

感觉运动同步任务由很多认知过程组成。测试感觉运动同步在听觉方面的表现的一种方法是检测并等待与声学刺激相关的敲击表现。当参与者被听觉刺激（此处描述为"敲击"）吸引，会出现短暂的等待，他的敲击往往比下一个敲击声早几毫秒到几十毫秒[21]。从而表明，敲击所体现的不是对先前或当前刺激的反应，而是对下一个刺激的时间间隔的预测，这是基于至少前两个刺激之间的时间间隔的编码。

在刺激率或刺激间期方面，参与者能够以这种预测性和一致性的方式同步是有限制的。对不熟悉感觉运动同步任务的成年人来说，反应间隔（interonset interval，IOI）下限（即最快的刺激率）在200 ms左右。但如果受试者受过训练（如音乐家），这个阈值可以低至100 ms，并且他们可以使用多个肢体（如左、右手交替轻拍）[22]。目前，关于反应间隔的上限定义不明确。Fraisse的研究表明，当IOI超过1800 ms时，同步化变得更加困难[23]。有研究表明[9]，参与者可以同步到3500 ms的IOI。

在敲击的上限和下限之间，点击异步性和可变性会随着IOI的增加而增加[24]。具体来说，点击异步性通常与IOI成正比，这表明点击异步性与IOI之间的关系遵循韦伯定律[25]。点击异步性会随着IOI的增加而增加，这种关系存在一些非线性[26]。在1∶1点击任务中，不能确定增加的异步性和可变性出于增加的IOI，还是点击间隔（intertap intervals，ITI）。Repp等[26]认为，研究IOI和ITI的单独影响，一个因素必须改变其中一个因素，而另一个因素保持不变。这可以通过改变点击与点击的比率来实现，即参与者每秒点击一次、在第三次或第n次点击一次（1∶n次点击）。Repp等[26]研究了IOI下限如何受1∶n敲击任务的影响。发现与1∶1的点击相比，200 — 250 ms以下的IOI点击的可变性在1∶n的过程中增加；而对于200 — 250 ms以上的IOI，点击的可变性降低。在每次点击之间添加的点击减少了点击的可变性。此外，由于1∶n点击任务需要并行编码至少两个时间周期（IOI和ITI），ITI必须至少是较低IOI限制的两倍（对于1∶1点击），才能受益于1∶n点击模式；如果ITI低于这一点，敲击表现会下降。发现1∶2点击（IOI约为200 ms）与1∶3点击（IOI约为250 ms）的点击可变性的增加及增加频率的转换点是不同的。

Repp等[9]的另一项研究测试了不同的节奏刺激策略是否对敲击表现有差异影响。为检验这种可能性，点击与点击的比率从1∶1到1∶9。同时，Repp注意到可以同步到最低的IOI。1∶n点击任务以重复的循环模式进行，支持"内部时钟"处理。结果表明，在周期性点击条件下，与1∶2、1∶3、1∶4、1∶8相比，点击与点击的比率为1∶5、1∶7时，同步到较低的IOI尤其困难，而1∶2、1∶4、1∶8时的结果相似。

（二）有氧运动对大脑的影响

1. **有氧体能的概念**

有氧体能（aerobic fitness或endurance fitness）指尽可能长时间地维持

肌肉力量或速度输出能力，也有研究称之为"心血管适能（cardiovascular fitness）"[27]。有氧（或心肺）体能反映了将氧气从大气中输送到骨骼肌，并在运动中利用它产生能量，以支持肌肉活动的综合能力[28]。

在一段时间内反复进行锻炼不仅会提高该锻炼活动的表现，而且会引起很多生理变化。关于耐力训练，Whip等[29]确定了4个有氧（耐力）体能的关键参数：最大摄氧量（$VO2_{max}$）、运动经济性、乳酸/呼吸阈值和摄氧动力学的影响。持续时间较长的项目可能受心理、营养、体温调节或肌肉、骨骼因素的限制[30]。耐力运动训练能够引起对神经肌肉系统、代谢系统、心血管系统、呼吸系统和内分泌系统的很多适应。有氧体能的参数是相互关联的，但对每一个参数的训练的具体重点将取决于个人的生理"长处"和"短处"（可在运动生理学实验室进行评估），以及正在接受训练的项目的持续时间[31]。

2. 有氧运动对大脑的影响

人类从受精卵开始，就在快速地制造神经元。但神经元之间的连接还需要突触的帮助。长时间的锻炼能够使人从环境中获取丰富、多元的感觉刺激信息，如视、听、嗅、触、前庭、本体觉等。这些刺激信息的持续可促进突触的生长、发育和修剪，最终帮助大脑形成庞大的神经网络。神经网络就像一条条大路，路越多，传导越通畅，当面对某一事件，个体就能快速产生认知、理解、思想、情绪、学习等不同的行为，并下达指令，完成准确的动作。之前对非人类的动物的研究表明，长时间坚持进行有氧运动能够使大脑生长新的毛细血管[32,33]，增加神经元之间树突相互连接的长度和数量[34]，增加海马体中的细胞产量[35]。这些影响的产生可能缘于脑源性神经营养因子[34]和胰岛素样生长因子[36,37]，以及其他生长因子[38]的增加。这些结构变化的最终结果是使大脑更具可塑性，对变化有更强的适应能力[35,39]。

有氧运动可以增加流过大脑的血量，尤其涉及信息检索和执行功能的脑区。有氧运动可以改善前额叶和顶叶在认知挑战任务中的表现[40]；对于年轻人，不仅可以提高快速反应过程中行动检测的效率，还能在进行需要灵活改变策略的任务期间改善传统上被称为"注意力分配"的过程[41]。

在运动时，身体会产生血清素、去甲肾上腺素等神经传导物质，这两者分别与记忆力和专注力有直接关系。芝加哥一所中学进行过一个"零时体育计划"，即在早上7点，正式上课前，让学生到学校跑步、做运动，运动时心跳达到最高值或最大摄氧量的70%。结果发现，运动后的学生更加清醒，课堂状态更好，记忆力、专注力都得到了增强。此外，德国一项研究发现，人们在运动后学习词汇，学习速度比运动前提高了20%。Di Feo等[42]发现有氧运动与脑力训练结合可以产生强大的交叉训练协同效应，得出结论：体育活动，特别是有氧运动，可以在很大程度上增加海马结构中新神经元产生的数量；在训练目标具有挑战性的情况下，脑力训练会提升神经元生存数量；两种操作都可提高将来的认知表现。

运动能够增强脑功能。一项具有前瞻性的观察研究发现，运动可以降低阿尔茨海默病或其他形式痴呆的发病风险。该研究对1740名年龄在65岁以上的成年人参与不同频率的体育活动（如散步、骑自行车等）的状况进行了评估，经过平均6.2年的随访，最初的参与者中有158名痴呆症患者。对参与者的年龄、性别和医疗条件进行校正后，发现与每周锻炼少于3次的参与者相比，每周锻炼超过3次的参与者被诊断为痴呆症的可能性低34%[43]。其他类似研究也报道了运动与痴呆之间的关系[44-46]。一项对久坐个体进行的随机临床实验将59名60—79岁的老人随机分配到有氧健身（步行、游泳、骑自行车）训练组和不参加有氧运动（只参加调理和拉伸）的对照组，干预6个月，通过MRI发现，参加有氧健身训练计划的老年人相对于不参加有氧运动的老年人大脑灰质和白质区域的体积显著增加[47]。6个月的运动观察证实了运动干预伴随着认知功能的改善，但无法证明皮质的增加与认知功能的增强是否直接相关。Pereira A C等通过对11名中年人进行3个月的有氧运动项目干预，使用MRI发现中年人海马齿状回脑血容量（cerebral blood volume，CBV）测量值增加。而这些CBV的变化与心肺功能的改善，以及语言学习和记忆测试中的表现有关[48]。另一项针对运动小鼠的平行研究发现，CBV的增加与神经发生有关。它表明CBV可作为人类神经发生的生物标志物。

（三）超扫描技术

1. 超扫描的概念及相关研究

超扫描（hyperscanning）指同时记录参与同一认知活动的两人或多人的脑活动，通过分析脑间活动同步及与行为指标的关系，揭示社会互动相关的脑机制[49]。超扫描被广泛地应用于社交领域。之前有关超扫描的研究已经确定了某些大脑区域在社会互动过程中的人际同步神经活动[50]。Montague（2002）[51]研究认为，让人类在受控的环境中互动，同时对他们的大脑进行扫描，这种同时的扫描为超扫描。社会互动的神经基础是一个大脑的活动与另一个大脑的活动之间的动态关系。

该技术常用于社会神经科学。最为广泛使用的功能性神经成像技术有功能性磁共振成像（fMRI）、脑电图（EEG）、脑磁图（MEG）、正电子发射断层扫描（PET），以及功能性近红外光谱（fNIRS）。当大脑特定的区域被激活时，脑血流量（CBF）会以时间和空间协调的方式增加，其变化与大脑的神经活动密切相关。通过相关的神经元、胶质细胞、动脉/小动脉和信号分子的一系列协调，大脑皮层神经元被激活，对特定刺激做出反应，大脑氧含量增加，通过检测可以用于创建人类大脑地图。这些脑图可以使与任务有关的大脑"激活"的刺激区可视化。正常情况下，脑血流量会持续增加到刺激/任务期间，当刺激/任务结束时，脑血流量会逐渐消退[52]。

2002年，Montague等首次使用两个fMRI系统，对两名受试者同时进行刺激激活大脑的测量研究。之后，该超扫描方法也被用于脑电图和

fNIRS领域的研究。不同的设备具有不同的特点，考虑到这一点，最近几年的有关超扫描的研究采用多模式、多设备同时进行的方法，如EEG-fNIRS、fNIRS-fMRI和EEG-fMRI研究[52]。超扫描技术常被用于研究、分析脑间同步，研究范围包括社会互动的某些方面，比如利用fMRI研究注视、利用fNIRS研究经济交换游戏，以及使用EEG进行生态有效性实验。这些研究范式大致分为模仿任务、协调任务、眼神交流/注视任务、经济交换任务、合作与竞争任务、生态有效性/自然场景等。利用fMRI发现，投资者的中扣带皮层和受托人的前扣带皮层在进行信任游戏时具有很强的相关性[53]。在脑电图超扫描研究中，前额叶区域θ带连接模式的变化可预测个体的合作决定[54]。陶云瑛利用近红外及信任博弈实验范式进行超扫描研究，以观点采择能力为标准，将受试者每2人分为一组，分为高—高组、低—低组等进行实验。发现双方在互动博弈，决定"投资"时，高—高组在信任博弈过程中，大脑右侧颞顶联合区都出现了同步[55]。与fMRI和EEG相比，fNIRS对运动伪影的容忍度更高，有利于在自然环境下的研究。

2. fNIRS的概念及相关研究

功能性近红外光谱（functional near-infrared spectroscopy，fNIRS）技术为一种非侵入、无创的神经成像技术。血液的主要成分对600—900 nm近红外光有良好的散射性，fNIRS利用该特性测量大脑活动时氧合血红蛋白（oxyhemoglobin，HbO）、脱氧血红蛋白（deoxyhemoglobin，HbR）和总血红蛋白（total hemoglobin，HbT）与初始值的相对变化量。fNIRS作为非侵入性成像方法，对运动伪影有更好的耐受性。该技术是一项基于神经血管耦合的功能性神经成像手段，在神经科学研究中得到了越来越多的应用。

（1）fNIRS技术原理

近红外光学窗口存在于我们的身体的发现可以追溯到1977年，当时

Fransis Jobsis 观察可见光透过牛排骨头的能力，发现红光能够透过4毫米厚的牛排骨头。这表明红光及波长更长的近红外光谱光能够穿过我们的头皮和颅骨，到达底层组织。由于人体组成物质和血红蛋白具有较高的吸收能力，400—700 nm 的可见光在生物体内基本不会发生变化。在700—900 nm 的最佳光谱中，皮肤、组织和骨骼在近红外光的作用下大多是透明的。在近红外范围内，光的吸收能力不是很强，光的传播时间可以延长10倍。因此，可以从更深的部分获得信息。也就是说，在近红外范围，身体组织就像一个窗口，光可以通过它。

在足够的刺激下，fNIRS 可以通过光的发射和接收获得皮层血流变化的实时拓图。fNIRS 通过在头皮上定位的光源发射和接收器，可以无创地测量定位的头皮血氧浓度的变化。fNIRS 的测量通过光纤或纤维束向头皮内射入探测光线。根据探测器的距离提供不同的深度灵敏度。成人大脑在3厘米或以上的距离对脑外与脑相关的血流动力学波动都很敏感，而在如1.5厘米的短距离只对脑外血流动力学成分敏感。因此，创建大脑活动地形图必须使用较长距离的通道。近红外成像恰好距离头皮约3厘米，是较长的光源探测距离，能够达到良好的深度灵敏度。fNIRS 的深度灵敏度约为1.5厘米，时间分辨率为1—10 Hz，空间分辨率可达1厘米[52]。

当大脑区域被激活，该区域的氧需求随之增加，大脑发生代偿性血流动力学反应，fNIRS 通过记录大脑血液氧饱和水平（Blood Oxygen Level Dependent，BOLD），以及观测大脑血流动力学变化（神经血管耦合规律）反推大脑的神经活动情况，从而计算出该区域的神经激活水平。

（2）fNIRS 相关研究

fNIRS 常用于研究任务态和静息态的脑活动。大多数 fNIRS 实验范式可以分为组块设计、事件相关设计、用于功能连接研究的静息态范式。王驹[56]利用近红外超扫描及囚徒困境实验范式，对不同抑郁倾向的在校大学生选择"合作"和"背叛"时的大脑神经机制进行了研究，发现在

"合作"中，双方的右侧额下回和右侧颞顶联合区脑间连接都有所增强。Holper等[57]利用fNIRS进行手指点击模仿任务，发现模仿行为会使受试者产生较强的大脑功能联结和脑间同步。李文意[58]等使用fNIRS设备，对急性有氧运动干预前、后不同运动水平大学生的大脑静息态进行了研究。

（四）脑间同步

虽然单脑神经成像研究可以揭示单个大脑中的区域活动，但多个脑网络的研究能够进一步揭示两个或多个大脑之间的神经耦合，可以捕获社会互动过程中独有的动态特征[59]。随着超扫描的发展，研究也从单脑转向多脑。关于超扫描的多项研究表明，在不同的社会互动中，多个大脑存在脑间的神经同步。当两人或两人以上行为同步时，他们的大脑也会同时耦合，产生脑间同步（interpersonal brain synchronization，IBS）[60]。随着功能性近红外光谱超扫描技术的使用，研究人员可以更好地测量与社会互动相关的脑间耦合。大量研究显示不同形式的自然的社会互动中存在脑间神经（两人或更多人的神经系统）同步，包括身体运动协调和模仿[57]、面对面交流[61]等。Yun等[62]研究发现无意识下的动作同步伴随着显著的脑间活动同步，该结果表明动作的一致性与脑间活动的同步存在密切关联。在很多情况下，一个大脑中的神经过程通过环境中的信号进行传输，与另一个大脑中的神经过程耦合在一起，通过大脑控制，发生同步行为[60]。大脑间的耦合行为依赖刺激向大脑传递信息的载体。脑对脑的耦合类似于无线通信系统，在这个系统中，两个大脑通过在共享的物理环境（光、声、压或化合物）中传输物理信号而相互耦合。人在进行信任与公平、模仿与动作协调、表情、手势及言语交流、合作与竞争等社会互动时，脑间同步通常被发现。

社会活动类型也能够影响脑间同步。目前，在团队的合作[63]、教学中的师生互动[64]、生活中的亲子互动[65]等互动活动中均发现有脑间同步。研究发现，脑间同步通常发生在前额叶和右侧颞顶联合区，如在合作任务中，参与者右额上皮质和内侧前额叶区域的同步活动增加[66, 67]；师生互动主要表现为颞顶联合区和前额叶皮层发生同步；亲子互动表现为右侧大脑在θ频段发生同步；等等。交互的场景也可能影响脑间同步。面对面互动的两个人的脑间同步似乎会增加，正如唱歌的受试者左下额叶皮层和右侧颞顶联合区的活动同时增加[16]。面对面地玩电脑游戏也能增加脑间同步[68]。Jiang等[61]研究发现，面对面对话时，大脑左侧额下皮层表现出显著的脑间同步。互动交流的对象也可能影响脑间同步。一项研究表明男、女恋人的右额叶皮层存在脑间同步[69]。另一项研究发现，与任务相关的脑间同步存在于额极皮层、眶额皮层和左背外侧前额叶皮质的异性（男性、女性）双侧[70]。脑间同步的一个主要特征表现为谁与谁进行互动及如何互动。脑间同步在自然的社会交往中更可能出现，面对面的交流、相互注视和微笑都可以改善并增强脑间同步。

六、研究对象与方法

（一）研究对象

本书以高、低有氧体能水平男大学生在双人敲击任务过程中脑间同步的特征为研究对象，以湖南某高校在校体育专业男本科生或研究生，以及非体育专业的本科生或研究生为实验对象。

在实验前记录受试者的性别、出生日期、身高、体重、年级、专业、静息心率、身体活动分数、每周运动时长、1000米跑成绩等。根据代谢当量计算公式算出每位受试者的心肺功能；通过身高、体重等计算出BMI值；并根据1000米跑成绩【参照《国家学生体质健康标准》（大学）评分标准，其中4分06秒以内的为高有氧体能组，4分06秒以外的为低有氧体能组】进行综合整理后，将受试者以2人一组进行分组，分为高有氧体能组和低有氧体能组。

（二）研究方法

1. 文献资料法

根据所研究内容需要，在中国知网（CNKI）、万方数据库、PubMed、Cochrane、Embase、Web of Science等数据库查找相关文献、资料，分别以"有氧体能/aerobic fitness/endurance fitness""不同比率敲击/percussion at different ratios""感觉运动同步/sensorimotor synchronization""脑间同步/interpersonal brain synchronization，IBS/synchronization between brain""超扫描/hyperscanning并含'fNIRS'"等为主题词进行检索，了解不同有氧体能大学生在不同比率节拍敲击下的行为表现及与之相应的大脑脑区激活特征，并了解有关fNIRS技术的理论知识和fNIRS的数据处理方法。

2. 实验法

通过双人同步手指敲击任务比较不同有氧体能水平大学生在不同敲击比率感觉运动同步任务过程中行为表现的差异及脑间同步的差异。

（1）感觉运动同步及脑间同步实验

使用Matlab中的Psychotoolbox 3.0进行实验程序的编程。在配备有两台显示器、装有Matlab (2018a)的台式电脑（Windows 7，X64）上运行实验程序，同时使用Matlab记录感觉运动同步行为实验数据。实验时，受试者面对电脑屏幕，戴上半入耳式耳机，根据电脑显示屏的提示和要求，以及耳机传出的敲击声，用右手食指保持同步地敲击相应的按键。

（2）近红外光谱数据采集

在进行行为实验的同时，受试者头部佩戴近红外设备上的光极帽，记录脑数据变化。使用岛津（Shimadzu）公司的LABNIRS台式近红外设备采集实验中的脑数据，利用光密度采集受试者在进行电脑按键任务时大脑中HbO、HbR和HbT的信号变化。

3. 数理统计法

通过Excel及Matlab中有关代码对行为数据进行预处理，使用IBM

SPSS Statistics 23 和 R 语言进行统计分析。

通过 Matlab（2018b）软件中的 Homer2 程序，以及相关脚本和代码对获取的脑数据进行处理，使用 IBM SPSS Statistics 23 对处理后的数据进行统计分析。

使用 IBM SPSS Statistics 23 对行为数据和脑数据进行相关分析。

七、研究一：高、低有氧体能水平大学生在双人敲击任务中行为表现

（一）研究目的

探究有氧体能的高低是否影响大学生感觉运动同步、不同有氧体能组的大学生在不同敲击比率任务中是否会随着难度增高而行为表现差异越显著。

（二）研究设计

1. 实验对象

通过张贴和网上发布招募受试者海报，在湖南某高校招募了 106 名在校体育专业和非体育专业的男本科生或研究生。纳入标准：A. 智力和精神正常，无精神病史；B. 右利手；C. 实验期间无感冒现象；D. 视力正常或矫正后正常。

2. 实验设计

使用 Matlab 中的 Psychotoolbox 3.0 进行实验程序的编程。在台式电脑（Windows 7，X64）上通过 Matlab（2018a）软件进行实验程序的运行、行为数据的记录和保存。实验中，指导语呈现在两台 19.5 寸、屏幕分辨率为 1280×1024 的显示器上。实验过程中受试者耳机中的听觉刺激均由主试统一调试至适宜音量。

受试者面对屏幕，背对背坐在电脑前，头部佩戴近红外设备上的光极

帽，戴上半入耳式耳机（见图17）。受试者根据屏幕上的文字提示要求，以及每个block前10声的系统提示音，每个声音间隔1秒，使用右手食指敲击键盘指定键。实验过程中，受试者A和受试者B分别按"A键"和"K键"准备，敲击"S键"和"L键"。随机一名受试者以恒定的每1000 ms为1个间隔进行敲击，另外一名受试者以快于其n倍（n=1、2、3）的敲击间隔进行敲击。（见表3、图16）

表3 受试者A、B在不同敲击比率下的时间间隔

敲击比率	1:1	1:2	1:3
受试者A/B	1000 ms	500 ms	333 ms
受试者B/A	1000 ms	1000 ms	1000 ms

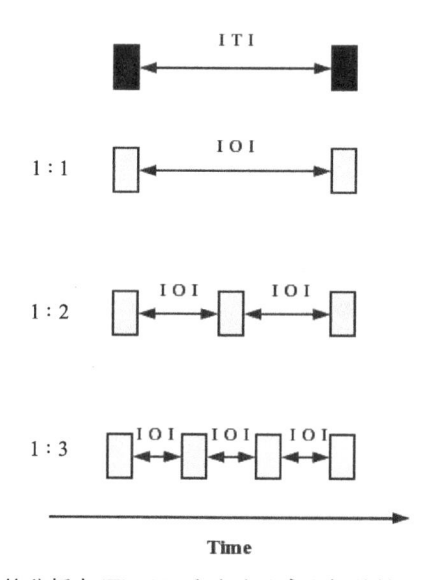

图16 基于ITI的分析中ITI、IOI和点击比率之间的关系（Repp，2005)

实验开始后，当受试者A的电脑屏幕上出现提示语"您的耳机将传来一定时间的系统节拍，您需要与系统节拍保持同步敲击，在系统节拍结束

后继续保持系统节拍的速度进行敲击"，受试者B的电脑屏幕上出现提示语"您的耳机将传来一定时间的系统节拍，您需要以系统节拍3倍的速度进行敲击，在系统节拍结束后继续保持以系统节拍3倍的速度进行敲击"时，即该block的敲击比率为1∶3。此时，受试者A可以跟随系统前10秒提示音，保持1秒1次的敲击；受试者B则需要通过系统前10秒1秒一响的提示音，以提示音3倍的速度敲击，333 ms敲击一次。

实验包括三种任务，分别为1∶1敲击比率任务、1∶2敲击比率任务、1∶3敲击比率任务。实验过程中，每个任务随机出现（见图18）。每个任务中每位受试者敲击的倍速也随机出现。每完成1个block，在下一个block中可能互换该任务中的敲击倍速，也可能与上一个block中自己敲击的倍速相同。每个任务有8个block，每个任务中每位受试者以相同的倍速共敲击4个block（1∶1任务除外）。实验中，每个任务间休息60秒，每个block时间为50秒，每个block间休息20秒（见图19），整个实验过程约为33分钟。

图17　实验过程（实验组拍摄）

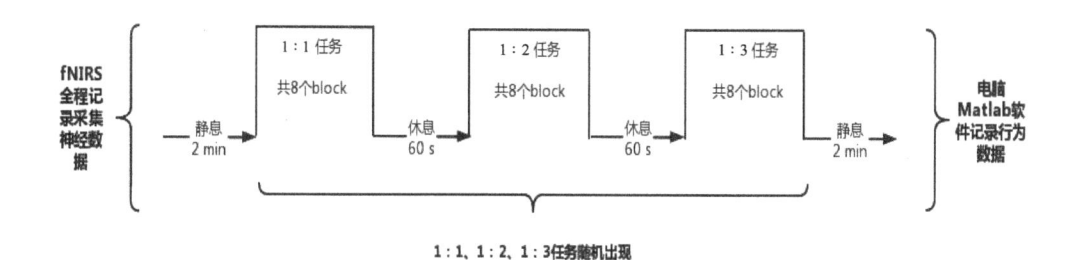

图 18　实验任务流程（实验组绘）

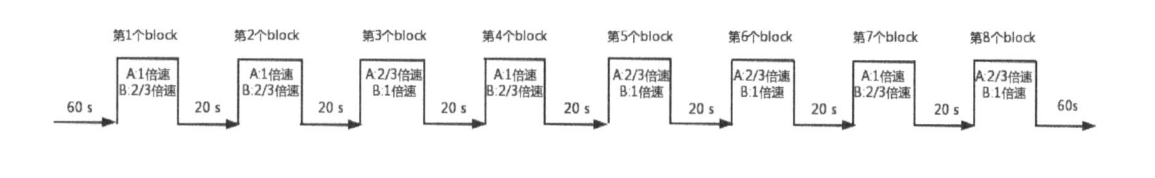

图 19　单个任务中每个 block 设计（实验组绘）

3. 行为数据处理

Matlab 记录的行为数据为受试者进行任务时所敲击的时间点（例如在任务开始后的第 3.1569 秒敲击一下，将行为数据记录为 3.1569）。每个 block 均从"0"秒开始记录。

4. 数据预处理

使用 Matlab 将行为数据每个 block 的敲击时间点提取到 Excel 表格。

因实验的前 10 秒有系统提示音，为避免影响数据结果，将每个 block 中前 10 秒的数据删除。

将每个 block 中受试者 A 和受试者 B 敲击的两行数据中相似或相近的敲击时间点上、下对齐；若没有对应的敲击时间点，则在与之对齐的位置填"0"。

若受试者未按照实验任务要求的比率敲击某个block，剔除该block。

5. 数据处理

点击异步性均值：使用点击异步性均值来评估敲击时同步能力的强弱。同一实验任务中，该数值越小，代表越同步。使用对齐后的数据，即受试者A敲击的时间点减去受试者B敲击的时间点（与"0"对齐的数值不计算）；将相减得到的值转化为绝对值，求其平均值。

敲击同步稳定性：敲击同步稳定性可以使用点击异步性标准差来评估。同一实验任务中，该数值越小，代表越稳定。使用对齐后的数据，即受试者A敲击的时间点减去受试者B敲击的时间点（与"0"对齐的数值不计算）；将相减得到的值转化为绝对值，后求其标准差。

平均敲击反应间隔时间：通过平均敲击反应间隔时间判断两组完成实验任务的条件是否相同。使用未对齐的数据，得出每位受试者后一次敲击时间点减去前一次敲击时间点的均值。

平均敲击反应间隔时间误差：通过平均敲击反应间隔时间误差来评估把控时间的准确性。同一实验任务中，该数值越小，表示受试者对时间的把控越精准。它表现为平均敲击间隔时间减去任务要求的间隔时间的结果的绝对值。

平均敲击反应间隔时间稳定性：每个block中每位受试者敲击间隔的标准差可以表示平均敲击间隔时间的稳定性。平均敲击间隔时间稳定性可以用来评估时间控制能力的稳定性。同一实验任务中，该数值越小，表示受试者控制时间的能力越稳定。

6. 统计学分析

表现为对行为数据指标进行正态性检验。使用独立样本t对服从正态分布的组间行为数据进行检验，重复测量方差并分析；对不服从正态分布的数据进行Mann-Whitney U检验、Scheirer-Ray-Hare检验分析。

7. 实验结果

在数据处理过程中，发现53组受试者中有6组行为数据或脑数据异常，数据无法使用，将之剔除。保留47组实验结果：高有氧体能组24组，低有氧体能组23组。纳入分析的47组数据包含1128个block，对不符合要求的block进行剔除后，剩余1109个block。其中1∶1敲击比率剩余372个block，1∶2敲击比率剩余369个block，1∶3敲击比率剩余368个block。

（1）受试者基本情况分析

实验前一周，对招募到的106名男大学生（其中包括体育专业大学生、长时间跟随军训团训练的大学生及非体育专业大学生）进行1000米跑测试，并记录其成绩。将4分06秒以内分为高有氧体能组，将4分06秒以外分为低有氧体能组。测量并记录受试者的年龄、身高、体重、静息心率、每周运动时长、运动强度等。结合上述信息计算出受试者的BMI；使用Radim提出的方法评估有氧能力水平，采用代谢当量表示结果【计算公式：性别×2.77-年龄×0.1-体重指数（BMI）×0.17-静息心率×0.03+身体活动分数×1+18.07=代谢当量值（男性输入1，女性输入0）】。其中，身高、体重、BMI、身体活动分数、1000米跑成绩部分数据不服从正态分布，受试者基本情况信息见表4、表5。

受试者在年龄（F=1.366，t=1.343，P=0.183＞0.05）、身高（U=925.5，Z=-1.355，P=0.175＞0.05）、体重（U=911.5，Z=-1.458，P=0.145＞0.05）、BMI（U=997.0，Z=-0.809，P=0.418＞0.05）、静息心率（F=0.707，t=0.515，P=0.608＞0.05）方面不具有显著差异，作为分组参考指标的代谢当量（F=1.070，t=10.719，P＜0.001）、身体活动分数（U=0，Z=-9.396，P＜0.001）、1000米跑成绩（U=0，Z=-8.353，P＜0.001）均具有显著差异。

表 4　部分受试者基本情况组间信息 1

分组		值	F	t	P
年龄/岁	高	21.35 ± 1.53	1.366	1.343	0.183
	低	20.97 ± 1.24			
静息心率/min	高	78.69 ± 9.06	0.707	0.515	0.608
	低	77.65 ± 10.40			
代谢当量/MET	高	15.65 ± 0.58	1.070	10.719	<0.001
	低	14.22 ± 0.71			

注：服从正态分布的数据，对集中趋势使用均数表示，对离散趋势使用标准差表示，即 Mean ± SD

表 5　部分受试者基本情况组间信息 2

分组		值	U	Z	P
身高/cm	高	174.5（170.00, 176.75）	925.5	−1.355	0.175
	低	175（170, 180）			
体重/kg	高	65（60.000, 71.375）	911.5	−1.458	0.145
	低	68.5（62.00, 74.25）			
BMI	高	21.09（20.05, 23.62）	997	−0.809	0.418
	低	22.04（20.52, 23.68）			
身体活动分数	高	3.03	0	−9.396	<0.001
	低	1.76（1.76, 1.76）			
1000米跑成绩/s	高	238（224.25, 245.00）	0	−8.353	<0.001
	低	262（256, 271）			

注：对不服从正态分布的数据使用中位数和四分位数间距表示，其中 Me 表示中位数（Median），Q1 表示第一四分位数，Q3 表示第三四分位数，即 Me（Q1, Q3）

（2）点击异步性结果

①点击异步性均值

高、低有氧体能组在不同敲击比率下的点击异步性均值均服从正态分布。其中，1∶1敲击比率任务中，高有氧体能组点击异步性均值为81.80 ± 16.90 ms，低有氧体能组点击异步性均值为110.54 ± 44.86 ms。1∶2敲击比率任务中，高有氧体能组点击异步性均值为73.38 ± 17.17 ms，低有氧体能组点击异步性均值为109.50 ± 21.44 ms。1∶3敲击比率任务中，高有氧体能组点击异步性均值为74.61 ± 15.28 ms，低有氧体能组点击异步性均值为88.75 ± 15.68 ms。由于不满足方差齐性，对点击异步性均值进行2（组别：高有氧体能组、低有氧体能组）×3（任务条件：1∶1、1∶2、1∶3）Scheirer-Ray-Hare检验，结果显示：组间具有显著差异，H=31.833，P=0＜0.01；不同敲击比率下进行敲击无显著差异，H=3.103，P=0.21188＞0.05；组别×任务比率交互作用不显著，H=4.446，P=0.10826＞0.05。事后多重比较结果显示：在三种敲击比率下，高有氧体能组点击异步性均值均显著优于低有氧体能组，P＜0.05；高有氧体能组随着敲击比率时间间隔的缩短而无明显变化，P＞0.05；低有氧体能组在1∶3相较于1∶1敲击比率下和1∶3相较于1∶2敲击比率下表现出显著缩短，显著性增加，P＜0.05，在1∶2相较于1∶1敲击比率下无明显变化，P＞0.05。（见图20）

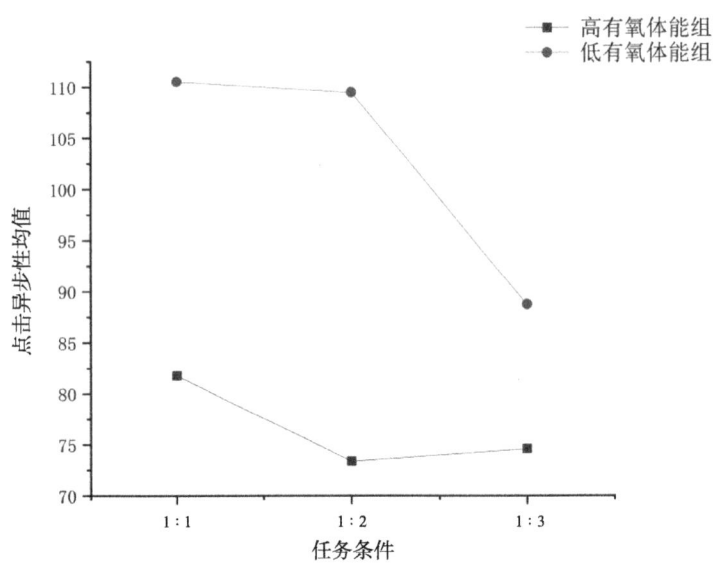

图 20　高、低有氧体能组在三种敲击比率下的点击异步性均值

②敲击同步稳定性

高、低有氧体能组在不同敲击比率下的敲击同步稳定性均服从正态分布。其中，1∶1敲击比率任务中，高有氧体能组敲击同步稳定性为62.70±11.48 ms，低有氧体能组敲击同步稳定性为76.30±23.09 ms。1∶2敲击比率任务中，高有氧体能组敲击同步稳定性为53.46±10.16 ms，低有氧体能组敲击同步稳定性为69.60±10.50 ms。1∶3敲击比率任务中，高有氧体能组敲击同步稳定性为50.06±7.31 ms，低有氧体能组敲击同步稳定性为56.29±6.97 ms。由于不满足方差齐性，对敲击同步稳定性进行2（组别：高有氧体能组、低有氧体能组）×3（任务条件：1∶1、1∶2、1∶3）Scheirer-Ray-Hare检验，结果显示：组间具有显著差异，H=20.025，P＜0.01；不同敲击比率下进行敲击具有显著差异，H=24.740，P＜0.01；组别×任务条件交互作用不显著，H=4.394，P=0.111＞0.05。

使用事后多重比较对组别×任务条件交互作用进一步检验，结果显示：高有氧体能组在1∶1、1∶2敲击比率下敲击同步稳定性均显著优于低有氧体能组，P＜0.05；高有氧体能组在1∶2相较于1∶1和1∶3相较于1∶1敲击比率下敲击同步稳定性表现出显著减弱，P＜0.05；低有氧体能组在1∶3相较于1∶1和1∶3相较于1∶2敲击比率下敲击同步稳定性表现出显著减弱，P＜0.05。（见图21）

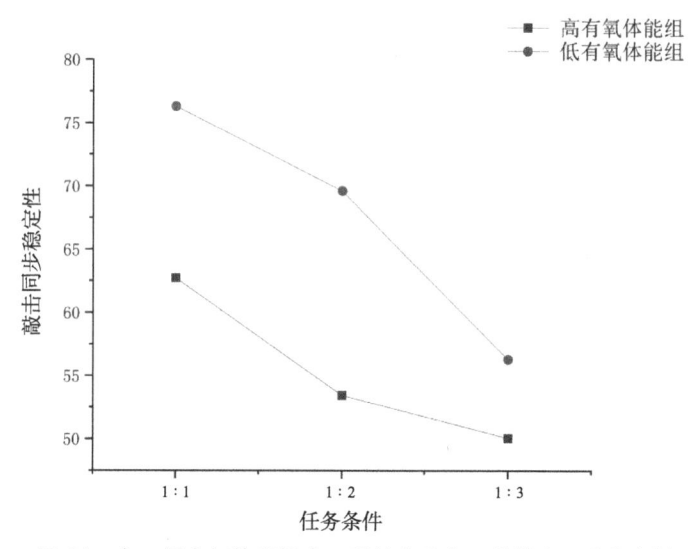

图21 高、低有氧体能组在三种敲击比率下的敲击同步稳定性

（3）个人敲击反应间隔结果

①平均敲击反应间隔时间

高、低有氧体能组在不同敲击比率下平均敲击反应间隔时间如图22所示。在1∶1、1∶2敲击比率下，高、低有氧体能组大学生的平均敲击反应间隔时间均服从正态分布；在1∶3敲击比率下，低有氧体能组以333 ms为间隔进行敲击的平均敲击反应间隔时间服从正态分布，高有氧体能组以333 ms为间隔进行的敲击的平均敲击反应间隔时间不服从正态分布。

其中，1∶1敲击比率任务中，高有氧体能组以1000 ms为间隔进行敲击的平均敲击反应间隔时间为962.69±94.10 ms，低有氧体能组以1000 ms为间隔进行敲击的平均敲击反应间隔时间为963.18±95.64 ms。1∶2敲击比率任务中，高有氧体能组以500 ms为间隔进行敲击的平均敲击反应间隔时间为505.65±31.81 ms，低有氧体能组以500 ms为间隔进行敲击的平均敲击反应间隔时间为516.44±44.22 ms。

对1∶1、1∶2敲击比率下平均敲击反应间隔时间进行独立样本t检验，高、低有氧体能组的平均敲击反应间隔时间均无显著性差异。1∶1敲击比率任务以1000 ms为间隔进行的敲击，t=-0.018，P=0.966；1∶2敲击比率任务以500 ms为间隔进行的敲击，t=-0.963，P=0.164。

1∶3敲击比率任务中高有氧体能组以333 ms为间隔进行敲击的平均敲击反应间隔时间为346.97（334.69，357.99）ms，低有氧体能组以333 ms为间隔进行敲击的平均敲击反应间隔时间为361.47±26.02 ms。

对1∶3敲击比率下平均敲击反应间隔时间进行Mann-Whitney U检验，高、低有氧体能组的平均敲击反应间隔时间无显著性差异。1∶3敲击比率任务以333 ms为间隔进行的敲击，Z=-1.66，P=0.097。

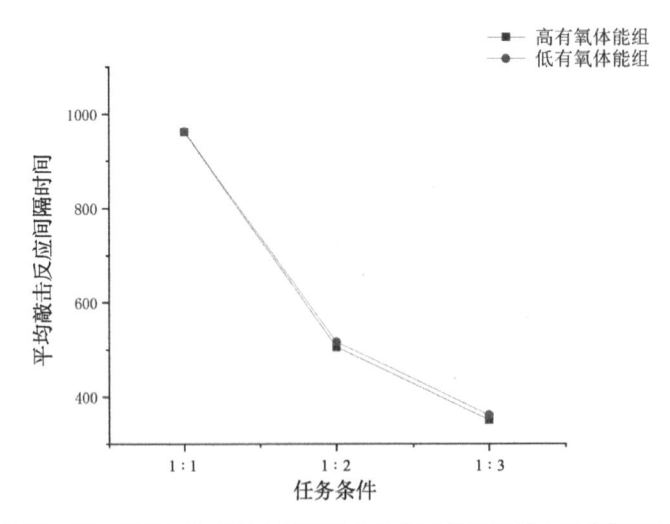

图22　高、低有氧体能组在三种敲击比率下的平均敲击反应间隔时间

②平均敲击反应间隔时间误差

高、低有氧体能组在不同敲击比率下的平均敲击反应间隔时间误差如图23所示。在1∶1敲击比率下，高、低有氧体能组平均敲击反应间隔时间误差均服从正态分布。在1∶2、1∶3敲击比率下，只有低有氧体能组以500 ms为间隔和以333 ms为间隔进行敲击的平均敲击反应间隔时间误差服从正态分布，其余均不服从正态分布。

其中，1∶1敲击比率任务中，高有氧体能组以1000 ms为间隔进行敲击的平均敲击反应间隔时间误差为80.95±58.9 ms，低有氧体能组以1000 ms为间隔进行敲击的平均敲击反应间隔时间误差为83.16±57.73 ms。1∶2敲击比率任务中，高有氧体能组以500 ms为间隔进行敲击反应间隔时间误差为17.71（4.21，28.94）ms，低有氧体能组以500 ms为间隔进行敲击的平均敲击反应间隔时间误差为33.92±32.17 ms。1∶3敲击比率任务中，高有氧体能组以333 ms为间隔进行敲击的平均敲击反应间隔时间误差为16.66（4.78，24.66）ms，低有氧体能组中以333 ms为间隔进行敲击的平均敲击反应间隔时间误差为32.09±20.69 ms。

对平均敲击反应间隔时间误差中以333 ms、500 ms、1000 ms为间隔的敲击进行2（组别：高有氧体能组、低有氧体能组）×3（任务条件：1∶1、1∶2、1∶3）Scheirer-Ray-Hare检验，结果显示：组间不具有显著差异，$H=3.726$，$P=0.054 > 0.05$；不同敲击比率下进行敲击具有显著差异，$H=35.977$，$P=0 < 0.01$；组别×任务比率交互作用不显著，$H=0.977$，$P=0.613 > 0.05$。事后多重比较结果显示：在三种（以333 ms、500 ms、1000 ms为间隔）敲击比率下，高、低有氧体能组平均敲击反应间隔时间误差无明显变化，$P > 0.05$；高、低有氧体能组在1∶2相较于1∶1敲击比率下和1∶3相较于1∶1敲击比率下，平均敲击反应间隔时间误差均表现出显著减小，$P < 0.01$；在1∶3相较于1∶2敲击比率下，平均敲击反应间隔时间误差均无明显变化，$P > 0.05$。

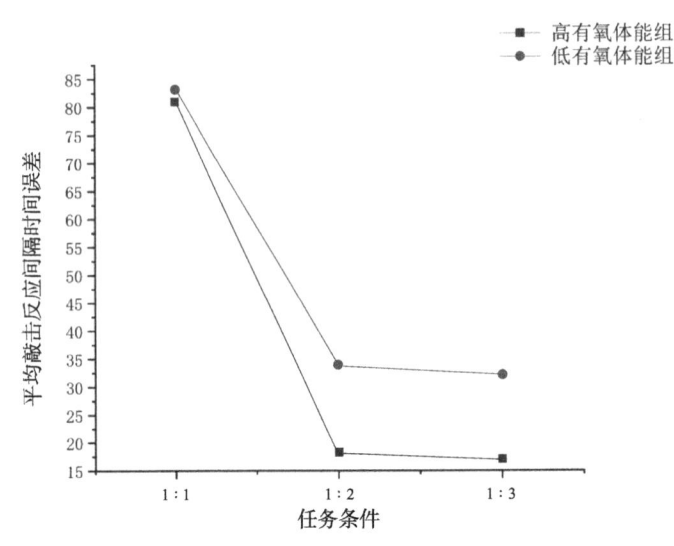

图 23 高、低有氧体能组在三种敲击比率下的平均敲击反应间隔时间误差

③平均敲击反应间隔时间稳定性

高、低有氧体能组大学生在不同敲击比率下平均敲击反应间隔时间稳定性如图24所示。在1∶1、1∶2敲击比率下，平均敲击反应间隔时间稳定性不服从正态分布，其他各组的平均敲击反应间隔时间稳定性均服从正态分布。

其中，1∶1敲击比率任务中，高有氧体能组中以1000 ms为间隔进行敲击的平均敲击反应间隔时间稳定性为94.08（70.49，127.06）ms，低有氧体能组中以1000 ms为间隔进行敲击的平均敲击反应间隔时间稳定性为82.74（73.75，102.62）ms。1∶2敲击比率任务中，高有氧体能组以500 ms为间隔进行敲击的平均敲击反应间隔时间稳定性为40.77（36.77，47.33）ms，低有氧体能组以500 ms为间隔进行敲击的平均敲击反应间隔时间稳定性为73.48（48.44，101.85）ms。1∶3敲击比率任务中，高有氧体能组以333 ms为间隔进行敲击的平均敲击反应间隔时间稳定性为70.59±41.12 ms，低有氧体能组以333 ms为间隔进行敲击的平均敲击反应间隔时间稳定性为 76.34 ± 33.14 ms。

对平均敲击反应间隔时间稳定性中以 333 ms、500 ms、1000 ms 为间隔的敲击进行 2（组别：高有氧体能组、低有氧体能组）×3（任务条件：1∶1、1∶2、1∶3）Scheirer–Ray–Hare 检验，结果显示：组间具有显著差异，H=4.887，P=0.027＜0.05；不同敲击比率下进行敲击具有显著差异，H=21.606，P＜0.01；组别 × 任务比率交互作用显著，H=6.430，P=0.040＜0.05。进一步简单效应分析的结果显示：在 1∶2 敲击比率（以 500 ms 为间隔）下，高有氧体能组平均敲击反应间隔时间稳定性显著优于低有氧体能组，P＜0.05；高有氧体能组在 1∶2 相较于 1∶1 和 1∶3 相较于 1∶1 敲击比率下平均敲击反应间隔时间稳定性表现出显著减弱，P＜0.05。

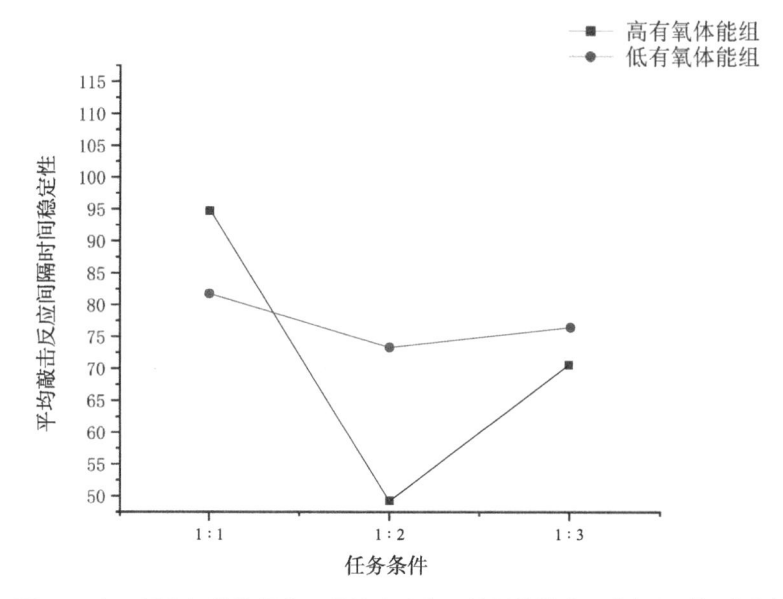

图 24　高、低有氧体能组在三种敲击比率下的平均敲击反应间隔时间稳定性

（4）分析讨论

本研究旨在探讨高、低有氧体能大学生在不同敲击比率下的感觉运动

同步的差异。通过分析两组间点击异步性均值、敲击同步稳定性、平均敲击反应间隔时间、平均敲击反应间隔时间误差、平均敲击反应间隔时间稳定性来反映两组间的差异。结果发现：同步能力和同步稳定能力指标中，在三种不同敲击比率任务中，高有氧体能组点击异步性均值和敲击同步稳定性结果均显著优于低有氧体能组。随着间隔时间的缩短，数值越来越小。点击异步性均值是评价感觉运动同步的重要指标，可以反映出受试者双方敲击时的同步能力和情况。敲击同步稳定性是评价感觉运动同步时受试者双方保持稳定同步敲击的指标。该结果与Zendel等[72]的研究结果一致，该研究发现，随着IOI和ITI的降低，点击性能得到提高，平均点击异步（点击异步性均值）和可变性（敲击同步稳定性）变小。

个人时间感知、精准和稳定能力指标中，在三种不同敲击比率任务中，高、低有氧体能组平均敲击反应间隔时间和平均敲击反应间隔时间误差均无显著差异。不同敲击比率任务中，高、低有氧体能组在组间、任务间及交互作用中，平均敲击反应间隔时间稳定性均具有显著差异。平均敲击反应间隔时间是反映受试者在按照任务要求的间隔时间敲击时对时间的感知能力的指标。平均敲击反应间隔时间误差是反映受试者在敲击时控制间隔时间的准确性的指标。平均敲击反应间隔时间稳定性是反映受试者在敲击时保持稳定间隔时间进行敲击的稳定能力的指标。由上述结果可知，个人的平均敲击反应间隔时间稳定性可能是导致高、低有氧体能同步能力具有差异的一个因素。

高有氧体能组在1∶3敲击比率下点击异步性均值和平均敲击反应间隔时间稳定性的值非但没有随着敲击间隔时间的缩短而逐渐变小，反而变大。该结果与部分研究结果一致。Zendel等研究发现，1∶3的敲击表现并没有介于1∶2和1∶4，表明增加敲击刺激次数并不能提高敲击表现[72]。Drake研究发现，没有进行过音乐训练的儿童和成年人在重复三拍子节奏时，比重复二拍子困难[73]。因此，1∶3敲击比率与其他敲击比率存在的差异可能是人体自身对该敲击比率的节奏感觉能力引起的。

（5）小结

在不同敲击比率任务下，高有氧体能组的同步能力（点击异步性均值和敲击同步稳定性）均优于低有氧体能组，两组之间存在一定的差异。

八、研究二：高、低有氧体能水平大学生在双人敲击任务过程中脑间同步特征

（一）研究目的

探究感觉运动同步任务中的行为表现是否与脑间同步存在某种联系、感觉运动同步任务中的脑间同步是否会随着不同敲击比率难度的提高而增强。

（二）研究设计

1. 实验对象

通过张贴与网上发布招募受试者的海报，在湖南某高校招募在校体育专业和非体育专业的男本科生或研究生。最终纳入106名男大学生，纳入标准：A.智力和精神正常，无精神病史；B.右利手；C.实验期间无感冒；D.视力正常或矫正后正常。

2. 实验设计

使用功能性近红外设备采集受试者进行实验任务时大脑皮层HbO、HbR、HbT的相对浓度变化。受试者面对屏幕，背对背坐在电脑前，头部佩戴近红外设备上的光极帽，戴上半入耳式耳机（见图17）。受试者根据屏幕上的文字提示要求及每个block前10声的系统提示音，每个声音间隔1秒，使用右手食指敲击键盘指定键。实验过程中，受试者A和受试者B分别按"A键"和"K键"准备，敲击"S键"和"L键"。

实验时，当受试者A的电脑屏幕上出现提示语"您的耳机将传来一

定时间的系统节拍，您需要与系统节拍保持同步敲击，在系统节拍结束后继续保持系统节拍的速度进行敲击"，受试者B的电脑屏幕上出现提示语"您的耳机将传来一定时间的系统节拍，您需要以系统节拍3倍的速度进行敲击，在系统节拍结束后继续保持以系统节拍3倍的速度进行敲击"，即该block的敲击比率为1∶3。此时，受试者A可以跟随系统前10秒提示音保持1秒1次的敲击；受试者B则需要通过系统前10秒1秒一响的提示音，以提示音3倍的速度敲击，约0.333秒敲击一次。

实验包括三种任务，分别为1∶1敲击比率任务、1∶2敲击比率任务、1∶3敲击比率任务。实验过程中，每个任务随机出现（见图18），每个任务中每位受试者敲击的倍速也是随机出现的。每完成1个block，在下一个block中可能互换该任务中的敲击倍速，也可能与上一个block中敲击的倍速相同。每个任务有8个block，每个任务中每位受试者以相同的倍速共敲击4个block（1∶1任务除外）。实验中，每个任务间休息60秒，每个block时间为50秒，每个block间休息20秒（见图19），整个实验过程约为33分钟。

3. 指示

在实验开始前，主试为受试者佩戴光极帽，调试通道信号的时间，并根据实验内容向受试者描述整个实验的任务和操作，利用节拍器软件让受试者感受不同的间隔时间和节奏，进行预实验。在预实验过程中，若受试者发生敲击比率、敲击间隔错误，主试及时提醒受试者；若受试者对实验任务过程有疑惑，主试及时讲解。近红外设备信息的采集利用光的反射原理，为减少外界环境的光对近红外设备采集信息的影响，实验过程中将关闭实验室内的灯光，实验在安静、昏暗的环境中进行。

4. 数据采集

脑数据的采集使用的是Shimadzu（岛津）公司的LABNIRS台式功能性近红外光谱分析系统。波长为780 mm、805 mm、830 mm。该设备共配置有24个光极：12个发射光极和12个接收光极。实验时，将光极分为2组，每组光极以3×4放置排布。每位受试者头部佩戴有6个发射光极和6个接收光极，这12个光极组成17个通道（Channel，CH）（见图25）。光极在脑区的放置参照了脑电10-20系统。其中，3号和9号接收光极被放置在额中点（Frontal zero，Fz）的位置。光极与光极相距约3厘米。

  fNIRS设备通过受试者佩戴的光极帽，在实验过程中采集受试者大脑皮层血流变化的相关信息。受试者A佩戴1—6号接收光极和发射光极，受试者B佩戴7—12号接收光极和发射光极。在为受试者佩戴光极帽前，先使用卷尺测量其头部从鼻根至枕外隆凸的距离，确定Fz的位置，分别将3号和9号接收光极放于该位置。在行为实验开始前2分钟，受试者面对电脑屏幕静坐，不进行任何操作，系统采集受试者静息状态下的大脑数据，同时做出标记。行为实验开始后，近红外设备在采集脑部血流变化信息的同时，在相应的时间点对每次休息开始和结束时、每个block开始和结束时、每个block中10秒提示音结束时的信息做出标记。行为实验结束后，受试者保持静止状态，近红外设备采集2分钟静息状态下的大脑数据信息。

图25 光极排布（来自实验软件）

5. 脑区定位

采用虚拟配准方法分析通道与大脑皮层的对应位置。使用Fastrak软件和3D定位设备标出并测量光极在每位受试者头皮上的位置，从而得到通道在每位受试者头皮上的位置。首先确定受试者脑区中央点（Central zero，Cz）、鼻根（Nasion zero，Nz）、左耳（Auricular Left，AL）、右耳（Auricular Right，AR）的位置，使用3D笔依次点出，而后根据电脑上的提示顺序，依次用定位仪配备的3D笔在大脑上点出对应的光极位置；然后使用NIR_SPM软件确定3D定位点的通道在大脑脑区的位置；最后将所有受试者头部每一个通道MNI坐标进行平均，大概算出它们对应的脑区（通道在脑区的位置见图26，通道在脑区的坐标见表6）。

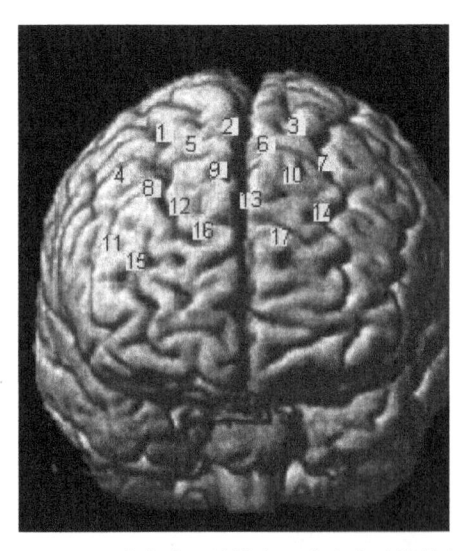

图26 通道在脑区的排布（来自实验软件）

表6 通道坐标及所属脑区

通道编号	MNI坐标位置			半球	脑区
	X	Y	Z		
1	28	24	62	右	额上回
2	7	28	65	右	额上回
3	-17	28	63	左	额上回

续表

通道编号	MNI坐标位置 X	Y	Z	半球	脑区
4	42	31	48	右	额中回
5	18	36	58	右	额上回
6	−6	40	57	左	额上回
7	−27	36	52	左	额上回
8	32	44	45	右	额中回
9	11	49	52	右	额上回
10	−11	49	49	左	额上回
11	45	48	26	右	额中回
12	24	57	39	右	额中回
13	0	56	40	右	额上回
14	−24	57	36	左	额中回
15	38	60	21	右	额中回
16	16	66	29	右	额中回
17	−11	66	28	左	额上回

6.脑数据处理

数据预处理

①制作SD文件

使用Matlab软件中的Homer 2程序，根据实验时近红外设备的每个光极排布的位置、间隔距离及设备波长制作相应的SD文件。

②txt格式转nirs格式

在Matlab中使用适用于岛津近红外设备转换格式的Shimadzu2nirs.m脚本，输入SD文件，将txt格式转为数据处理使用的nirs格式。nirs文件包含的变量有SD（探针几何排布）、t（数据时间点数组）、d（时间序列的原始光强）、s（刺激onset信息）、aux（每个时间点下每个辅助通道的数据）等。

③排除通道

使用Matlab软件中的Homer 2程序加载处理光密度、光强度、血氧浓度等，去除受试者自身的生理噪声（如心跳、呼吸等）。使用OD查看各通道质量，将嘈杂、质量差的通道排除。

7. 数据处理

在之前的研究中发现，血流变化中HbO更加敏感。因此，本实验只选用脑数据的HbO的浓度信号进行分析[74]。

为消除静息状态开始时外部环境造成的干扰，将静息状态（共记录120秒）前25秒的信号剔除，保留后95秒的信号，并且将每名受试者每个通道静息状态后95秒的脑数据作为基线。

选取每组受试者在每个block（50秒）中系统提示音（前10秒）结束后40秒的脑数据作为任务态信号，使用主成分分析[75]过滤掉HbO中头动、血流变化等引起的噪声。

小波变换相干（wavelet transform coherence，WTC）能够反映两个不同时间序列变化的相关性[76]，采用小波变换相干性分析并获取脑间同步指标（见图27）。本实验主要关注个体间的脑间同步，又称"脑间相干性"。相干性表示在时间频率域上两个时间序列的关联，用于评估大脑活动的匹配程度。任务相关的相干性指任务阶段的相干性之于基线相干性的增加。将各任务阶段的相干性均值和基线条件的相干性定为任务相关的相干性，将任务相干性及相干性变化数值进行Fisher-z的转换。

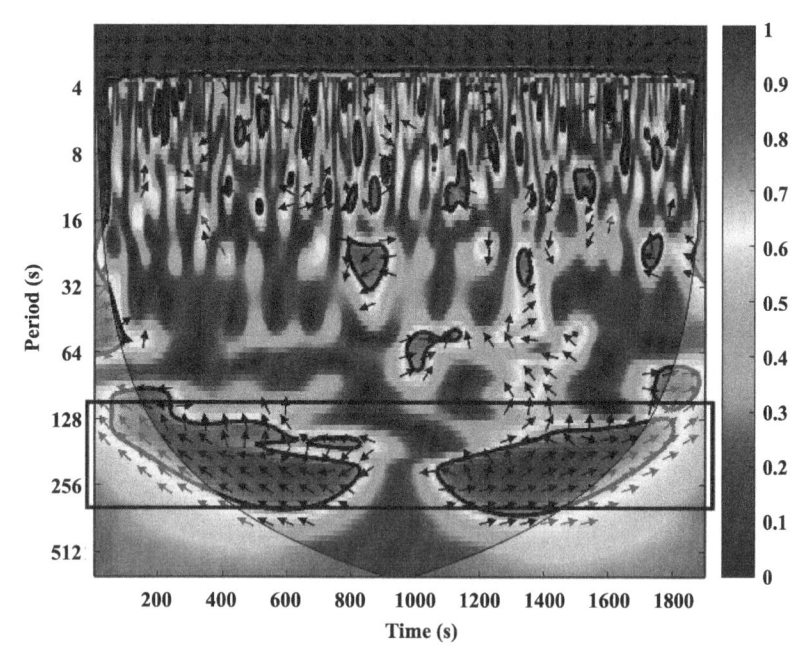

图 27　小波相干（来自实验软件）

注：本图为随机选取的一组受试者在某一任务过程中11号通道大脑氧合血红蛋白（HbO）浓度的变化。其中，12.8—25.6秒这一周期内的脑间相干性较高

8. 统计学分析

使用单样本t检验分析、查看各个通道的HbO在进行任务时是否存在显著性脑间同步，并对单样本t检验的结果进行FDR（False Discovery Rate）校正。使用独立样本t检验对两组大学生的组间脑区同步增强程度进行对比分析，查看是否存在显著性差异。

9. 实验结果

（1）受试者基本情况分析

同上。

（2）不同敲击比率下高、低有氧体能大学生脑间同步

实验设备12号发射光极损坏，因此删除与之对应的1号和4号通道的

所有数据。

通过单样本t检验分析发现：在1∶1敲击比率任务中，高有氧体能组的3号通道【t（23）=2.588，P=0.016】、11号通道【t（23）=4.159，P=0】、12号通道【t（23）=2.212，P=0.037】、13号通道【t（23）=2.304，P=0.031】、14号通道【（t（23）=2.519，P=0.019】和17号通道【t（23）=4.540，P=0】脑间同步显著增加，低有氧体能组的12号通道【t（22）= –2.266，P=0.034】出现显著的脑间同步减少。进行FDR校正后，高有氧体能组的11号通道（P=0）和17号通道（P=0）仍达到显著水平。在1∶2敲击比率任务中，高有氧体能组的11号通道【t（23）=3.785，P=0.001】、13号通道【t（23）=2.297，P=0.031】、14号通道【t（23）=2.796，P=0.010】和17号通道【t（23）=3.983，P=0.001】脑间同步显著增加，低有氧体能组的8号通道【t（22）= –2.091，P=0.048】出现显著的脑间同步减少。进行FDR校正后，高有氧体能组的11号通道（P=0.009）和17号通道（P=0.009）仍达到显著水平。在1∶3敲击比率任务中，高有氧体能组的11号通道【t（23）=3.733，P=0.001】、12号通道【t（23）=2.160，P=0.041】、13号通道【t（23）=2.479，P=0.021】、14号通道【t（23）=2.728，P=0.012】和17号通道【t（23）=4.540，P=0】脑间同步显著增加，低有氧体能组无变化。进行FDR校正后，高有氧体能组的11号通道（P=0.001）和17号通道（P=0）仍达到显著水平。其中，11号通道位于大脑右侧额中回（Right Middle Frontal Gyrus，RMFG），17号通道位于大脑左侧额上回（Left Superior Frontal Gyrus，LSFG）。高有氧体能组在三种不同敲击比率任务中11号通道（P=0.009）和17号通道（P=0）脑间同步都表现出显著增强，低有氧体能组激活的通道没有通过FDR校正。（见表7、表8）

表7　高有氧体能组在三种不同敲击比率下脑间同步性

通道	1∶1 脑间同步	P值	1∶2 脑间同步	P值	1∶3 脑间同步	P值
2	0.0014	0.996	−0.0011	0.996	0.0102	0.905
3	0.0535*	0.081	0.0391	0.269	0.0446	0.150
5	0.0205	0.495	0.0188	0.621	0.0265	0.381
6	0.0311	0.495	0.0208	0.621	0.0200	0.777
7	0.0076	0.926	0.0001	0.996	0.0052	0.945
8	0.0321	0.495	0.0309	0.529	0.0351	0.446
9	−0.0160	0.745	−0.0029	0.996	−0.0076	0.945
10	−0.0001	0.996	−0.0078	0.996	0.0019	0.950
11	**0.0818****	0	**0.0808****	0.009	**0.0763****	0.009
12	0.0441*	0.105	0.0372	0.269	0.0423*	0.139
13	0.0478*	0.105	0.0488*	0.132	0.0510*	0.089
14	0.0465*	0.081	0.0551*	0.057	0.0518*	0.068
15	−0.0002	0.996	−0.0006	0.996	0.0033	0.950
16	0.0260	0.549	0.0156	0.855	0.0173	0.777
17	**0.0916****	0	**0.0803****	0.009	**0.0946****	0

注：表中P值为进行FDR校正后的值，*表示该值在FDR校正前P＜0.05，**表示该值在FDR校正前P＜0.01，加粗字体表示在FDR校正后P＜0.05

表8　低有氧体能组在三种不同敲击比率下脑间同步性

通道	1∶1 脑间同步	P值	1∶2 脑间同步	P值	1∶3 脑间同步	P值
2	−0.0202	0.498	−0.0188	0.615	−0.0117	0.706
3	−0.0273	0.498	−0.0281	0.595	−0.0345	0.347
5	−0.0163	0.498	−0.0134	0.615	−0.0292	0.428

续表

通道	1∶1 脑间同步	P值	1∶2 脑间同步	P值	1∶3 脑间同步	P值
6	0.0224	0.498	0.0105	0.732	0.0078	0.728
7	−0.0260	0.498	−0.0235	0.595	−0.0396	0.347
8	−0.0214	0.498	−0.0350*	0.570	−0.0351	0.347
9	−0.0279	0.498	−0.0297	0.595	−0.0361	0.347
10	−0.0062	0.820	−0.0017	0.951	−0.0147	0.632
11	−0.0218	0.498	−0.0204	0.595	−0.0257	0.347
12	−0.0455*	0.498	−0.0485	0.570	−0.0481	0.347
13	−0.0279	0.498	−0.0261	0.595	−0.0296	0.428
14	−0.0267	0.498	−0.0194	0.615	−0.0310	0.428
15	−0.0207	0.498	−0.0279	0.595	−0.0239	0.428
16	−0.0151	0.638	−0.0100	0.732	−0.0221	0.428
17	−0.0119	0.625	−0.0201	0.595	−0.0212	0.428

注：表中P值为进行FDR校正后的值，*表示$P<0.05$，**表示$P<0.01$

通过独立样本t检验对三种任务条件下高、低有氧体能组大学生的组间脑区同步增强程度进行分析发现，在1∶1敲击比率任务中，3号通道（t=2.629，P=0.012）、11号通道（t=3.679，P=0.001）、12号通道（t=3.165，P=0.003）、13号通道（t=2.290，P=0.027）、14号通道（t=2.363，P=0.022）和17号通道（t=3.822，P=0）具有显著差异。在1∶2敲击比率任务中，3号通道（t=2.146，P=0.037）、8号通道（t=2.104，P=0.041）、11号通道（t=3.544，P=0.001）、12号通道（t=2.638，P=0.011）、14号通道（t=2.476，P=0.017）和17号通道（t=3.861，P=0）具有显著差异。在1∶3敲击比率任务中，3号通道（t=2.547，P=0.014）、8号通道（t=2.161，P=0.036）、11号通道（t=3.825，P=0）、12号通道（t=2.460，P=0.018）、

13号通道（t=2.459，P=0.018）、14号通道（t=2.366，P=0.022）和17号通道（t=4.086，P=0）具有显著差异。其中，3号和17号通道位于大脑左侧额上回，8号、11号和12号通道位于大脑右侧额中回，13号通道位于大脑右侧额上回，14号通道位于大脑左侧额中回。（见表9）

表9 高、低有氧体能组大学生脑区同步增强程度

通道	任务条件					
	1∶1		1∶2		1∶3	
	t	P	t	P	t	P
2	0.695	0.491	0.557	0.580	0.644	0.523
3	2.629*	0.012	2.146*	0.037	2.547*	0.014
5	1.459	0.151	1.202	0.236	1.880	0.067
6	0.257	0.798	0.331	0.742	0.373	0.711
7	1.122	0.268	0.752	0.456	1.481	0.146
8	1.489	0.143	2.104*	0.041	2.161*	0.036
9	0.358	0.722	0.798	0.429	0.870	0.389
10	0.161	0.873	−0.170	0.866	0.433	0.667
11	3.679**	0.001	3.544**	0.001	3.825**	0
12	3.165**	0.003	2.638*	0.011	2.460*	0.018
13	2.290*	0.027	2.200	0.033	2.459*	0.018
14	2.363*	0.022	2.476*	0.017	2.366*	0.022
15	0.561	0.578	0.689	0.495	0.691	0.493
16	1.129	0.265	0.757	0.453	1.184	0.243
17	3.822**	0	3.861**	0	4.086**	0

注：表中*表示P＜0.05，**表示P＜0.01

（3）分析讨论

本研究旨在探讨高、低有氧体能大学生感觉运动同步任务中的脑间同步的特征，以及随着不同敲击比率难度的提高脑间同步的变化。通过分析高、低有氧体能大学生进行感觉运动同步任务时静息态与任务态的差异来反映高、低有氧体能组之间的差异。

从fNIRS的HbO数据来看，在进行FDR校正前，高有氧体能组的脑间同步有五个通道【11号、12号（1∶2任务除外）、13号、14号、17号通道】均表现出显著增加，低有氧体能组有两个通道【12号（1∶1任务）、8号通道（1∶2任务）】显著减少。进行FDR校正后，高有氧体能组的脑间同步仍有两个通道（11号、17号通道）表现出显著增加，低有氧体能组的脑间同步的通道无显著变化，两组之间的差异显著。在大脑脑区激活中，高有氧体能组在RMFG和LSFG区域表现出显著性激活，而低有氧体能组无明显变化。独立样本t检验结果显示，高、低有氧体能组大学生在大脑额上回和额中回的脑间同步增强程度存在差异。

发生激活的脑区和存在差异的脑区均位于前额叶。前额叶是实现认知功能中重要的一部分，包括计划、决策、多重任务处理等。运动不仅能促进神经元生成，还能对大脑产生其他积极的影响。有氧运动还可以扩大前额叶皮质，进而提升执行力。Schlaffke等[77]将优秀运动员分为有氧运动组、无氧代谢组和对照组，结果发现，相较于对照组，有氧运动组和无氧代谢组的辅助运动区的背侧运动前皮质的灰质体积较大。Guérin等[78]通过运动节奏对大脑额部活动进行了研究，发现自发运动节奏会影响大脑前额叶的活动，前额叶认知控制在自主运动行为节奏中具有调节作用。Cui[79]、马璟[80]等通过采用合作竞争的按键任务，均发现受试者在合作期间大脑前额叶激活显著增加。因此，高有氧体能组在进行任务时大脑额区激活更显著。对于同时玩合作游戏和阻碍游戏的参与者，可以在其额中回和额上回观察到强烈的脑间同步[81]。

大脑右侧额中回和左侧额上回区域脑间同步的增强可能因为在不同敲击比率任务中双方均需要保持相对稳定的间隔敲击，同时，双方也需要根据对方的敲击间隔及任务要求思考、调整、预测并保持与对方某一点的敲击同步，产生合作、注意力相对集中等行为。互动合作的同步敲击和额上回、额中回脑间同步的增强可能是潜在的认知和脑机制的表现。

综上所述，有氧体能对大学生进行感觉运动同步任务时的脑间同步具有一定的影响。

（4）小结

高有氧体能组和低有氧体能组大学生在进行感觉运动同步任务时，大脑的脑间同步存在差异。

九、高、低有氧体能水平大学生在双人敲击任务过程中行为表现与脑间同步相关性分析

为进一步确认构成感觉运动同步能力的行为指标和显著激活的脑通道之间的关系，对它们进行相关性分析。其中，使用Person对均符合正态分布的数据相关系数进行分析，使用Spearman对不符合正态分布的数据相关系数进行分析。

（一）行为表现与脑间同步相关性分析结果

1. 点击异步性均值与脑间同步的相关性分析

点击异步性均值与脑间同步的11号通道、17号通道的数据均服从正态分布，对之做Person相关分析。结果显示，在1:1敲击比率下，高有氧体能组点击异步性均值与11号通道表现出强正相关（r=0.676，P=0，见图28），低有氧体能组点击异步性均值与11号通道表现出正相关（r=0.522，P=0.011，见图29），其余未表现出显著相关。

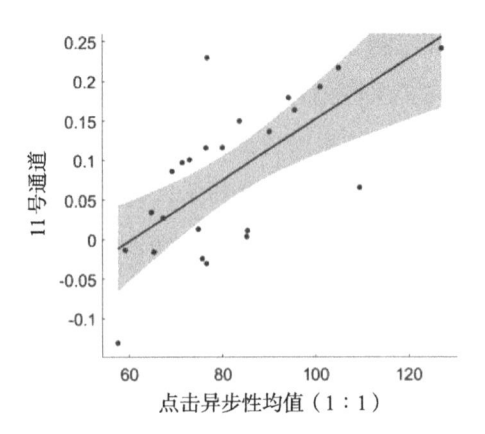

图 28　高有氧体能组点击异步性均值与脑间同步的 11 号通道（1∶1）相关分析结果

（来自实验软件）

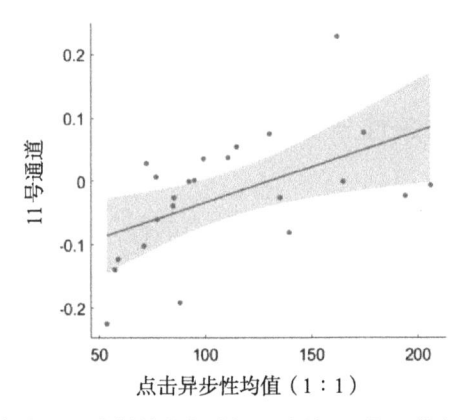

图 29　低有氧体能组点击异步性均值与脑间同步的 11 号通道（1∶1）相关分析结果

（来自实验软件）

2. 敲击同步稳定性与脑间同步的相关性分析

敲击同步稳定性与脑间同步的 11 号通道、17 号通道的数据均服从正态分布，对之做 Person 相关分析。结果显示，在 1∶1 敲击比率下，高、低有氧体能组敲击同步稳定性与 11 号通道均表现出正相关（高：$r=0.503$，$P=0.012$，见图 30；低：$r=0.492$，$P=0.017$，见图 31），其余均未表现出显著相关。

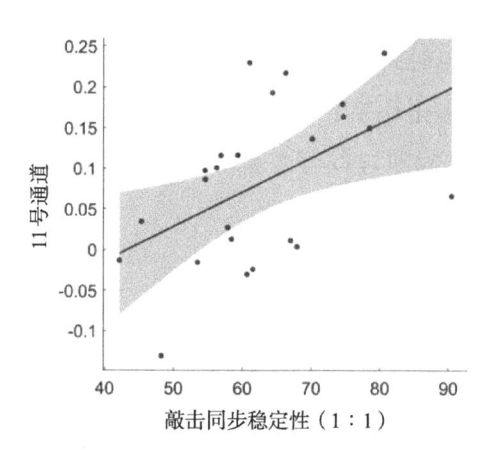

图 30 高有氧体能组敲击同步稳定性与脑间同步的 11 号通道（1∶1）相关分析结果

（来自实验软件）

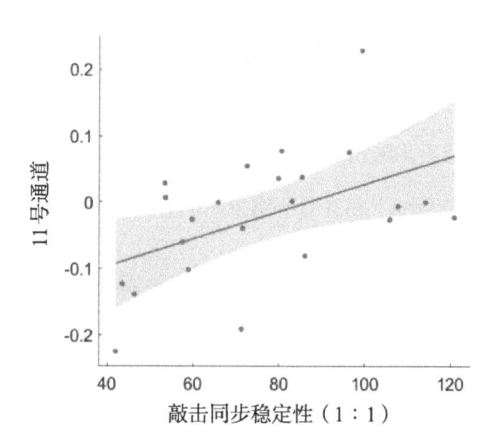

图 31 低有氧体能组敲击同步稳定性与脑间同步的 11 号通道（1∶1）相关分析结果

（来自实验软件）

3. 平均敲击反应间隔时间与脑间同步的相关性分析

平均敲击反应间隔时间与脑间同步的 11 号通道、17 号通道中，部分数据不服从正态分布，分别对之做 Person 相关分析和 Spearman 相关分析。结果显示，在 1∶1 敲击比率下，高有氧体能组以 1000 ms 为间隔进行敲击的平均敲击反应间隔时间与17号通道表现出正相关（r=0.452，P=0.027，见图32）。在1∶3敲击比率下，低有氧体能组以333 ms为间隔进行敲击的平均敲击反应间隔时间与11号通道表现出负相关（r=–0.477，P=0.021，见图33），其余均未表现出显著相关。

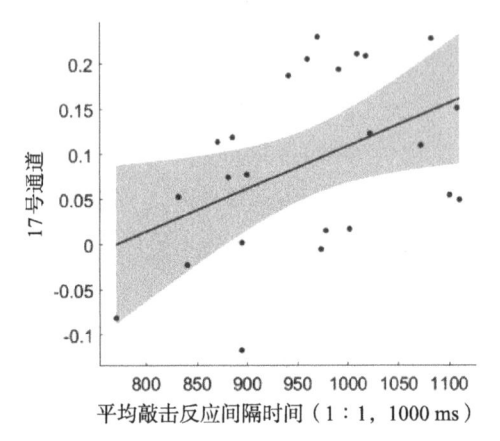

图32 高有氧体能组平均敲击反应间隔时间与脑间同步的17号通道（1∶1，1000 ms）相关分析结果（来自实验软件）

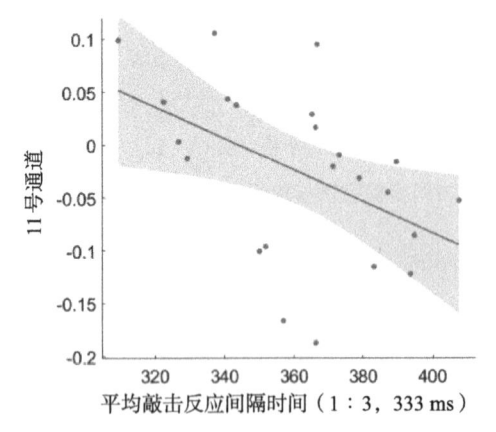

图33 低有氧体能组平均敲击反应间隔时间与脑间同步的11号通道（1∶3，333 ms）相关分析结果（来自实验软件）

4. 平均敲击反应间隔时间误差与脑间同步的相关性分析

平均敲击反应间隔时间误差与脑间同步的11号通道、17号通道中，部分数据不服从正态分布，分别对之做Person相关分析和Spearman相关分析。结果显示，在1∶1敲击比率下，高有氧体能组以1000 ms为间隔进行敲击的平均敲击反应间隔时间误差与17号通道表现出负相关（r=-0.507，P=0.011，见图34），其余均未表现出显著相关。

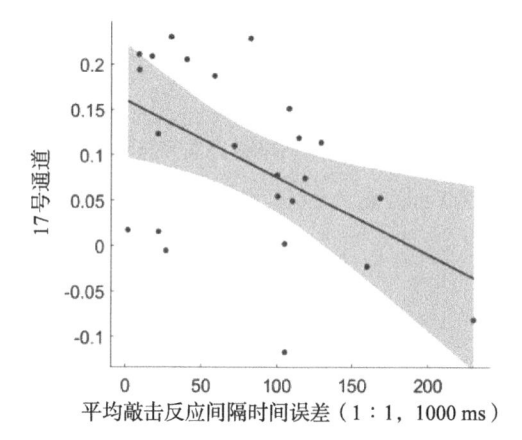

图34　高有氧体能组平均敲击反应间隔时间误差与脑间同步的17号通道（1∶1，1000 ms）相关分析结果（来自实验软件）

5. 平均敲击反应间隔时间稳定性与脑间同步的相关性分析

平均敲击反应间隔时间稳定性与脑间同步的11号通道、17号通道中，部分数据不服从正态分布，分别对之做Person相关分析和Spearman相关分析。结果显示，在1∶1敲击比率下，高有氧体能组以1000 ms为间隔进行敲击的平均敲击反应间隔时间稳定性与11号通道表现出正相关（r=0.446，P=0.029，见图35），其余均未表现出显著相关。

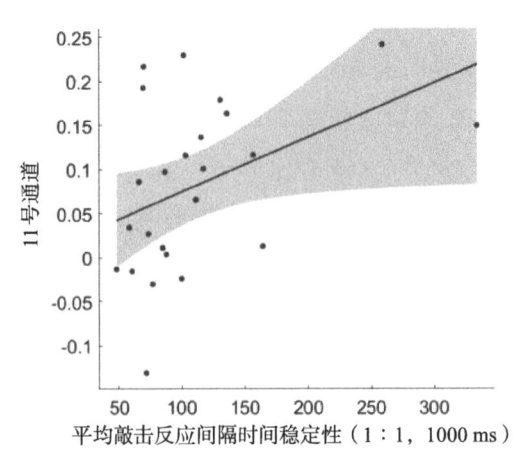

图 35 高有氧体能组平均敲击反应间隔时间稳定性与脑间同步的 11 号通道（1∶1，1000 ms）相关分析结果（来自实验软件）

十、总讨论

本研究采用近红外超扫描技术，从合作同步敲击的角度探究有氧体能如何影响大学生的感觉运动同步能力和大脑的神经机制。首先，本研究探讨了有氧体能对不同敲击比率感觉运动同步能力的影响。长期运动的高有氧体能可能影响同步敲击的合作机制，可以进一步做一个长期运动干预前、后对比研究。其次，本研究探讨了有氧体能对不同敲击比率感觉运动同步任务中大脑脑间同步的影响。长期运动的高有氧体能可能影响同步敲击时的脑间机制。最后，本研究将感觉运动同步行为指标与脑间同步显著激活的通道进行相关性分析，探究行为表现的各项指标与脑间同步显著激活的通道的神经机制的关系。

对脑间同步显著激活的通道位置进一步定位发现：11号通道位于背外侧前额叶，17号通道位于左侧额极区。该脑区激活位置与成晓君等[82]的研究结果相似。从脑间同步显著激活的通道的脑区机制来看，脑间同步的11号通道位于背外侧前额叶，该区域多与心理理论[83, 84]相关，脑间同步的17号通道位于大脑左侧额极区，该区域与认知过程（如注意力[85]、工作记忆[86]、问题解决[87]等）相关。

高、低有氧体能组点击异步性均值在1∶1（1000 ms）敲击比率下与脑间同步11号通道均表现出显著正相关。高、低有氧体能组敲击同步稳定性在1∶1（1000 ms）敲击比率下与脑间同步11号通道均表现出显著正相关。高有氧体能组在1∶1（1000 ms）敲击比率下，平均敲击反应间隔时间与17号通道表现出正相关。低有氧体能组在1∶3（333 ms）敲击比率下，平均敲击反应间隔时间与11号通道表现出负相关。高有氧体能组在1∶1（1000 ms）敲击比率下，平均敲击反应间隔时间误差与17号通道表现出负相关。高有氧体能组在1∶1（1000 ms）敲击比率下，平均敲击反应间隔时间稳定性与11号通道表现出正相关。

在1∶1敲击比率下，高、低有氧体能组点击异步性均值和敲击同步稳定性与脑间同步11号通道均表现出正相关，可能因为在1∶1敲击比率下，每一次的同步敲击都需要受试者进行心理上的揣测、预判和协调自我，并且保持稳定的敲击间隔时间，达到与同伴同步敲击的目的。在1∶1敲击比率下，高有氧体能组平均敲击反应间隔时间与脑间同步17号通道表现出正相关。可能因为受试者进行每一次敲击，都需要集中注意力控制敲击间隔时间，当受试者的注意力发生变化，敲击间隔时间也会随之发生改变。但在1∶3敲击比率下，低有氧体能组平均敲击反应间隔时间与脑间同步17号通道表现出负相关。尽管受试者进行每一次敲击，都需要集中注意力控制敲击间隔时间，但当受试者的注意力发生变化，敲击间隔时间也会随之发生改变。但Zendel等[72]和Drake[73]研究发现，1∶3的敲击结果与其他敲击结果不同，因此呈负相关。在1∶1敲击比率下，高有氧体能组平均敲击反应间隔时间误差与脑间同步17号通道表现出负相关。这可能因为受试者集中注意力进行敲击时脑部血流速度快，敲击间隔时间与任务要求的时间间隔相近，误差值变小；而当注意力减弱，脑部血流速度减慢，间隔时间与任务要求的时间间隔的误差值增大，因此呈负相关。在1∶1敲击比率下，高、低有氧体能组平均敲击反应间隔时间稳定性与脑间同步11号通道均表现出正相关。这可能因为在1∶1敲击比率下，每一次敲击都需要与同伴同步，且需要较长时间稳定的揣测、预判和协调，个人也需要保持稳定的敲击间隔时间，因此呈正相关。

评价同步能力和同步稳定能力的两个行为学指标与位于背外侧前额叶的11号通道存在一定的相关性。评价个人时间感知、精准和稳定能力的三个行为指标分别与位于背外侧前额叶的11号通道和位于左侧额极区的17号通道存在一定的相关性。双人同步敲击的过程是互动合作的过程，在个人行为表现中需要揣测他人的想法，进行提前预判、协调自我、注意力分配等，而背外侧前额叶与心理理论有关，左侧额极区与注意力、工作记忆、问题解决等有关。因此，行为指标与脑间同步显著激活的脑区存在一定的相关性。

在以往的研究中，进行感觉运动同步时，受试者双方的敲击节奏、敲击间隔时间均相同，只能验证在某一敲击间隔时间之内受试者的同步能力表现，而关于在不同敲击比率下分"快"和"慢"、"领导者"和"追随者"，双方敲击频率不同，间隔时间不同，敲击配合难度增大时受试者的同步能力表现的相关研究较少。且部分研究只研究、分析了受试者行为上的差异，并没有深入研究、分析进行该行为任务时大脑脑间同步的增强和不同。本研究在改变敲击比率的基础上，利用fNIRS设备，将感觉运动同步的行为与脑间同步结合起来，在分析行为的同时，也深入研究、分析了大脑脑间同步的增强。

研究的局限性：行为实验中，受试者会出现多敲、漏敲等现象，导致获取到的数据长度不一致，因此无法使用bGLS模型对受试者在不同敲击比率任务中的错误校正能力进行深入研究。大脑发生激活时，所体现的不仅有血氧动力学活动，还有电活动。本实验使用fNIRS设备只采集了实验中受试者脑部的血氧活动变化，而未采集大脑的电活动。在以后的实验中，可以使用EEG、fNIRS结合的设备来采集实验时大脑的电活动和血氧动力学活动。因fNIRS系统具有多样性，关于fNIRS信号的处理和分析缺乏共识，没有相关的指南，也没有标准化、广泛接受的方法。对于刚入门的研究员，需要依赖一些公司提供的工具直接进行信号处理和数据分析，导致结果呈假阳性或假阴性。本实验为block设计，因为有多个刺激，所以统计力强。但只能检验组间误差，无法检验组内误差，不能观察单个刺激的反应。因fNIRS设备配备的光极数量较少，光极又被分成两组，所以每组分配的光极较少，能够覆盖的脑区较小。实验中，光极基本上排布于受试者的大脑额区，而大脑其他区域是否也有增强或其他变化未能检测。部分研究表明，颞顶联合区也会产生脑间同步，在往后的研究中可以进一步探究感觉运动同步任务对大脑颞顶联合区脑间同步的影响。

十一、结论

高有氧体能水平大学生在不同敲击比率任务中所表现出的感觉运动同步能力优于低有氧体能水平大学生，前者在右侧额中回和左侧额上回出现了更强的脑间同步，且感觉运动同步的行为表现与脑间同步存在一定的相关性。

十二、参考文献

[1]Erickson K I, Voss M W, Prakash R S, et al.Exercise Training Increases Size of Hippocampus and Improves Memory[J]. Proceedings of the National Academy of Sciences, 2011, 108(7):3017–3022.

[2]Steiner B, Zurborg S, Hörster H, et al.Differential 24h Responsiveness of Prox1-expressing Precursor Cells in Adult Hippocampal Neurogenesis to Physical Activity, Environmental Enrichment, and Kainic Acid-induced Seizures[J]. Neuroscience, 2008, 154(2):521-529.

[3]Bryant G A, Barrett H C.Recognizing Intentions in Infant-directed Speech[J]. Psychological Science, 2007, 18(8):746-751.

[4]Fantasia V, De Jaegher H, Fasulo A.We Can Work it Out:An Enactive Look at Cooperation[J]. Frontiers in Psychology, 2014, 5.

[5]Sebanz N, Bekkering H, Knoblich G.Joint Action:Bodies and Minds Moving Together[J]. Trends in Cognitive Sciences, 2006, 10(2):70-76.

[6]Hamilton A F D C.Hyperscanning:beyond the Hype[J]. Neuron, 2021, 109(3):404-407.

[7]Repp B H, Su Y.Sensorimotor Synchronization:A Review of Recent Research(2006-2012)[J]. Psychonomic Bulletin&Review, 2013, 20(3):403-452.

[8]Miyata K, Varlet M, Miura A, et al.Modulation of Individual Auditory-motor Coordination Dynamics through Interpersonal Visual Coupling[J]. Scientific Reports, 2017, 7(1).

[9]Repp B H.Perceiving the Numerosity of Rapidly Occurring Auditory Events in Metrical and Nonmetrical Contexts[J]. Percept Psychophys, 2007, 69(4):529-543.

[10]Repp B H.Sensorimotor Synchronization:A Review of the Tapping Literature[J]. Psychon Bull Rev, 2005, 12(6):969-992.

[11]Konvalinka I, Vuust P, Roepstorff A, et al.Follow You, Follow Me:Continuous Mutual Prediction and Adaptation in Joint Tapping[J]. Quarterly Journal of Experimental Psychology, 2010, 63(11):2220-2230.

[12]Van Noorden L, De Bruyn L.The Development of Synchronization Skills of Children 3 to 11 Years old: Proceedings of ESCOM — 7th Triennial Conference of the European Society for the Cognitive Sciences of Music[J]. Jyväskylä, Finland:University of Jyväskylä, 2009.

[13]Krause V, Pollok B, Schnitzler A.Perception in Action:the Impact of Sensory Information on Sensorimotor Synchronization in Musicians and Non-musicians[J]. Acta Psychologica, 2010, 133(1):28-37.

[14]Dumas G, Nadel J, Soussignan R, et al.Inter-brain Synchronization during Social Interaction[J]. PLOS ONE, 2010, 5(8):e12166.

[15]Lindenberger U, Li S, Gruber W, et al.Brains Swinging in Concert:Cortical Phase Synchronization while Playing Guitar[J]. BMC Neuroscience, 2009, 10(1):22.

[16]Osaka N, Minamoto T, Yaoi K, et al.How Two Brains Make One Synchronized Mind in the Inferior Frontal Cortex:fNIRS-based Hyperscanning during Cooperative Singing[J]. Frontiers in Psychology, 2015, 6.

[17]Zhdanov A, Nurminen J, Baess P, et al.An Internet-based Real-time Audiovisual Link for Dual MEG Recordings[J]. PLOS ONE, 2015, 10(6):e128485.

[18]Zhou G, Bourguignon M, Parkkonen L, et al.Neural Signatures of Hand Kinematics in Leaders Vs.Followers: A Dual-MEG Study[J]. NeuroImage, 2016, 125:731-738.

[19]Kuboyama N, Nabetani T, Shibuya K, et al.Relationship between Cerebral Activity and Movement Frequency of Maximal Finger Tapping[J]. Journal of Physiological Anthropology and Applied Human Science, 2005, 24(3):201-208.

[20]Kuboyama N, Nabetani T, Shibuya K, et al.The Effect of Maximal

Finger Tapping on Cerebral Activation[J]. Journal of Physiological Anthropology and Applied Human Science, 2004, 23(4):105-110.

[21]Aschersleben G.Temporal Control of Movements in Sensorimotor Synchronization[J]. Brain and Cognition, 2002, 48(1):66-79.

[22]Pressing J, Jolley-Rogers G.Spectral Properties of Human Cognition and Skill[J]. Biological Cybernetics, 1997, 76(5):339-347.

[23]Fraisse P.Rhythm and Tempo[M]. 1982.

[24]A K P, M B J.Rhythms and Responses[J]. Journal of Experimental Psychology.Human Perception and Performance, 1985, 11(2).

[25]Peters M.The Relationship between Variability of Intertap Intervals and Interval Duration[J]. Psychological Research, 1989, 51(1):38-42.

[26]Repp B H.Rate Limits in Sensorimotor Synchronization with Auditory and Visual Sequences:the Synchronization Threshold and the Benefits and Costs of Interval Subdivision[J]. Journal of Motor Behavior, 2010, 35(4):355-370.

[27]文世林，夏树花，李思，蒋长好.急性有氧负荷对老年人执行功能的影响：来自fNIRS和行为实验的证据[J].体育科学，2015，35(10):37-45.

[28]Armstrong N.Youth Aerobic Fitness[J]. Pediatric Exercise Science, 2019, 31(2):137-143.

[29]Whip B J, Ward S A, Lamarra N, et al.Parameters of Ventilatory and Gas Exchange Dynamics during Exercise[J]. Journal of Applied Physiology, 1982, 52(6):1506-1513.

[30]Hill D W.Energy System Contributions in Middle-distance Running Events[J]. Journal of Sports Sciences, 1999, 17(6):477-483.

[31]Jones A M, Carter H.The Effect of Endurance Training on Parameters

of Aerobic Fitness[J]. Medicine and Science in Sports and Exercise, 2000, 31(Supplement):S280.

[32]Black J E, Isaacs K R, Anderson B J, et al.Learning Causes Synaptogenesis, Whereas Motor Activity Causes Angiogenesis, in Cerebellar Cortex of Adult Rats[J]. Proceedings of the National Academy of Sciences, 1990, 87(14):5568-5572.

[33]Rhyu I J, Bytheway J A, Kohler S J, et al.Effects of Aerobic Exercise Training on Cognitive Function and Cortical Vascularity in Monkeys[J]. Neuroscience, 2010, 167(4):1239-1248.

[34]Cotman C.Exercise:A Behavioral Intervention to Enhance Brain Health and Plasticity[J]. Trends in Neurosciences, 2002, 25(6):295-301.

[35]Van Praag H, Christie B R, Sejnowski T J, et al.Running Enhances Neurogenesis, Learning, and Long-term Potentiation in Mice[J]. Proceedings of the National Academy of Sciences, 1999, 96(23):13427-13431.

[36]Carro E, Trejo J L, Busiguina S, et al.Circulating Insulin-like Growth Factor I Mediates the Protective Effects of Physical Exercise Against Brain Insults of Different Etiology and Anatomy[J]. The Journal of Neuroscience, 2001, 21(15):5678-5684.

[37]Niblock M M, Brunso-Bechtold J K, Riddle D R.Insulin-like Growth Factor I Stimulates Dendritic Growth in Primary Somatosensory Cortex[J]. The Journal of Neuroscience, 2000, 20(11):4165-4176.

[38]Churchill J D, Galvez R, Colcombe S, et al.Exercise, Experience and the Aging Brain[J]. Neurobiol Aging, 2002, 23(5):941-955.

[39]Anderson B J, Rapp D N, Baek D H, et al.Exercise Influences Spatial Learning in the Radial Arm Maze[J]. Physiology&Behavior, 2000, 70(5):425-429.

[40]Colcombe S J, Kramer A F, Erickson K I, et al.Cardiovascular Fitness, Cortical Plasticity and Aging[J]. Proceedings of the National Academy of Sciences, 2004, 101(9):3316-3321.

[41]Themanson J R, Pontifex M B, Hillman C H.Fitness and Action Monitoring:Evidence for Improved Cognitive Flexibility in Young Adults[J]. Neuroscience, 2008, 157(2):319-328.

[42]Di Feo G, Shors T J.Mental and Physical Skill Training Increases Neurogenesis via Cell Survival in the Adolescent Hippocampus[J]. Brain Research, 2017, 1654(Pt B):95-101.

[43]Larson E B, Wang L, Bowen J D, et al.Exercise is Associated with Reduced Risk for Incident Dementia among Persons 65 Years of Age and Older[J]. Annals of Internal Medicine, 2006, 144(2):73.

[44]Laurin D, Verreault R, Lindsay J, et al.Physical Activity and Risk of Cognitive Impairment and Dementia in Elderly Persons[J]. Archives of Neurology, 2001, 58(3):498-504.

[45]Podewils L J.Physical Activity, APOE Genotype, and Dementia Risk:Findings from the Cardiovascular Health Cognition Study[J]. American Journal of Epidemiology, 2005, 161(7):639-651.

[46]Scarmeas N, Levy G, Tang M X, et al.Influence of Leisure Activity on the Incidence of Alzheimer's Disease[J]. Neurology, 2001, 57(12):2236-2242.

[47]Colcombe S J, Erickson K I, Scalf P E, et al.Aerobic Exercise Training Increases Brain Volume in Aging Humans[J]. The Journals of Gerontology Series A:Biological Sciences and Medical Sciences, 2006, 61(11):1166-1170.

[48]Pereira A C, Huddleston D E, Brickman A M, et al.Anin Vivo Correlate of Exercise-induced Neurogenesis in the Adult Dentate Gyrus[J].

Proceedings of the National Academy of Sciences, 2007, 104(13):5638–5643.

[49]李先春，卑力添，袁涤，丁雅娜，冯丹阳.超扫描视角下的社会互动脑机制[J].心理科学，2018，41(06)：1484–1491.

[50]Lu K, Qiao X, Hao N.Praising or Keeping Silent on Partner's Ideas:Leading Brainstorming in Particular Ways[J]. Neuropsychologia, 2019, 124:19–30.

[51]Montague P.Hyperscanning:Simultaneous fMRI during Linked Social Interactions[J]. NeuroImage, 2002, 16(4):1159–1164.

[52]Quaresima V, Ferrari M.Functional Near-infrared Spectroscopy(fNIRS)for Assessing Cerebral Cortex Function during Human Behavior in Natural/Social Situations:A Concise Review[J]. Organizational Research Methods, 2019, 22(1):46–68.

[53]King-Casas B, Tomlin D, Anen C, et al.Getting to Know You:Reputation and Trust in A Two-person Economic Exchange[J]. Science, 2005, 308(5718):78–83.

[54]De Vico Fallani F, Nicosia V, Sinatra R, et al.Defecting or Not Defecting: How to"Read"Human Behavior during Cooperative Games by EEG Measurements[J]. PLOS ONE, 2010, 5(12):e14187.

[55]陶云瑛.观点采择对人际信任的影响——基于行为和超扫描的研究[D].浙江师范大学，2019.

[56]王驹.常规合作和腐败合作的认知神经机制：来自近红外超扫描的研究[D].深圳大学，2019.

[57]Holper L, Scholkmann F, Wolf M.Between-brain Connectivity during Imitation Measured by fNIRS[J]. NeuroImage, 2012, 63(1):212–222.

[58]李文意.急性有氧运动对大学生大脑静息态功能连接的影响[D].首都体育学院，2021.

[59]Hari R, Henriksson L, Malinen S, et al.Centrality of Social Interaction in Human Brain Function[J]. Neuron, 2015, 88(1):181-193.

[60]Hasson U, Ghazanfar A A, Galantucci B, et al.Brain-to-brain Coupling:A Mechanism for Creating and Sharing A Social World[J]. Trends in Cognitive Sciences, 2012, 16(2):114-121.

[61]Jiang J, Dai B, Peng D, et al.Neural Synchronization during Face-to-face Communication[J]. The Journal of Neuroscience, 2012, 32(45):16064-16069.

[62]Yun K, Watanabe K, Shimojo S.Interpersonal Body and Neural Synchronization as A Marker of Implicit Social Interaction[J]. Scientific Reports, 2012, 2(1):959.

[63]Yang J, Zhang H, Ni J, et al.Within-group Synchronization in the Prefrontal Cortex Associates with Intergroup Conflict[J]. Nature Neuroscience, 2020, 23(6):754-760.

[64]Pan Y, Novembre G, Song B, et al.Interpersonal Synchronization of Inferior Frontal Cortices Tracks Social Interactive Learning of A Song[J]. Neuro image, 2018, 183:280-290.

[65]Nguyen T, Schleihauf H, Kayhan E, et al.The Effects of Interaction Quality on Neural Synchrony during Mother-child Problem Solving[J]. Cortex, 2020, 124:235-249.

[66]Funane T, Kiguchi M, Atsumori H, et al.Synchronous Activity of Two People's Prefrontal Cortices during A Cooperative Task Measured by Simultaneous Near-infrared Spectroscopy[J]. Journal of Biomedical Optics, 2011, 16(7):77011.

[67]Dommer L, Jäger N, Scholkmann F, et al.Between-brain Coherence during Joint N-back Task Performance:A Two-person Functional Near-

infrared Spectroscopy Study[J]. Behavioural Brain Research, 2012, 234(2):212–222.

[68]Tang H, Mai X, Wang S, et al.Interpersonal Brain Synchronization in the Right Temporo-parietal Junction during Face-to-face Economic Exchange[J]. Social Cognitive and Affective Neuroscience, 2016, 11(1):23-32.

[69]Pan Y, Cheng X, Zhang Z, et al.Cooperation in Lovers: An fNIRS-based Hyperscanning Study[J]. Human Brain Mapping, 2017, 38(2):831-841.

[70]Cheng X, Li X, Hu Y.Synchronous Brain Activity during Cooperative Exchange Depends on Gender of Partner: A Fnirs-based Hyperscanning Study[J]. Human Brain Mapping, 2015, 36(6):2039-2048.

[71]Jurca R, Jackson A S, LaMonte M J, et al.Assessing Cardiorespiratory Fitness without Performing Exercise Testing[J]. American Journal of Preventive Medicine, 2005, 29(3):185-193.

[72]Zendel B R, Ross B, Fujioka T.The Effects of Stimulus Rate and Tapping Rate on Tapping Performance[J]. Music Perception, 2011, 29(1):65-78.

[73]Drake C.Reproduction of Musical Rhythms by Children, Adult Musicians and Adult Nonmusicians[J]. Percept Psychophys, 1993, 53(1):25-33.

[74]Hoshi Y.Functional Near-infrared Optical Imaging:Utility and Limitations in Human Brain Mapping[J]. Psychophysiology, 2003, 40(4):511–520.

[75]Zhang X, Noah J A, Hirsch J.Separation of the Global and Local Components in Functional Near-infrared Spectroscopy Signals Using Principal Component Spatial Filtering[J]. Neurophotonics, 2016, 3(1):15004.

[76]Grinsted A, Moore J C, Jevrejeva S.Application of the Cross Wavelet Transform and Wavelet Coherence to Geophysical Time Series[J]. Nonlinear Processes in Geophysics, 2004, 11(5-6):561-566.

[77]Schlaffke L, Lissek S, Lenz M, et al.Sports and Brain Morphology — A Voxel-based Morphometry Study with Endurance Athletes and Martial Artists[J]. Neuroscience, 2014, 259:35–42.

[78]Guérin S M R, Vincent M A, Karageorghis C I, et al.Effects of Motor Tempo on Frontal Brain Activity:An fNIRS Study[J]. NeuroImage, 2021, 230:117597.

[79]Cui X, Bryant D M, Reiss A L.fNIRS-based Hyperscanning Reveals Increased Interpersonal Coherence in Superior Frontal Cortex during Cooperation[J]. NeuroImage, 2012, 59(3):2430–2437.

[80]马璟.个体和团体项目运动员的合作表现及其脑机制：一项fNIRS超扫描研究[D].武汉体育学院，2022.

[81]Gvirts H Z, Perlmutter R.What Guides Us to Neurally and Behaviorally Align with Anyone Specific?A Neurobiological Model Based on fNIRS Hyperscanning Studies[J]. The Neuroscientist, 2020, 26(2):108–116.

[82]成晓君，刘美焕，潘亚峰.责任共担促进新手的互动决策获益：超扫描研究[J].心理学报，2022，54(11):1391–1402.

[83]Fehr E, Camerer C F.Social Neuroeconomics:the Neural Circuitry of Social Preferences[J]. Trends in Cognitive Sciences, 2007, 11(10):419–427.

[84]Van Overwalle F.Social Cognition and the Brain:A Meta-analysis[J]. Human Brain Mapping, 2009, 30(3):829–858.

[85]Daffner K R, Mesulam M M, Scinto L F M, et al.The central Role of the Prefrontal Cortex in Directing Attention to Novel Events[J]. Brain, 2000, 123(5):927–939.

[86]Christoff K, Gabrieli J D E.The Frontopolar Cortex and Human Cognition:Evidence for A Rostrocaudal Hierarchical Organization within the Human Prefrontal Cortex[J]. Psychobiology, 2000, 28(2):168–186.

[87]Green A E, Kraemer D J M, Fugelsang J A, et al.Connecting Long Distance: Semantic Distance in Analogical Reasoning Modulates Frontopolar Cortex Activity[J]. Cerebral Cortex, 2010, 20(1):70-76.

成果支撑：袁浩腾.高低有氧体能水平大学生在双人敲击任务过程中脑间同步的特征研究[D].首都体育学院,2023.（指导教师：文世林）

第三部分：周期性项目运动员在不同间隔时间任务中感觉运动同步能力特征及脑间同步机制研究

本部分包括两项研究，从不同间隔时间任务的角度检验周期性运动员在不同时间间隔任务中感觉运动同步能力与脑间同步的关系，并提出两项任务：A.感觉运动同步能力是否会受到有氧体能水平的影响，如果有影响，在何种水平的任务中会得到表现？B.如果有氧体能会影响到感觉运动同步能力，是从哪种维度来施加这一影响的？课题组采用相关的八个指标来评价感觉运动同步能力，以超扫描技术监测脑间同步，通过分析两者的相关性来分析、比较高有氧体能人群和低有氧体能人群在不同间隔时间任务中的差异。实验结果显示：A.有氧体能会对感觉运动同步能力产生一定的促进作用，这种作用会随着同步任务间隔时间的延长而增大。B.同步能力上的差异主要是时间稳定能力的差异造成的。两组人群在这类较长间隔的任务中保持同步能力的机制相同，都是通过尽量维持相对稳定的敲击间隔时间来实现的。在较短间隔的任务中，低有氧体能组需要通过意识不断校正，才能维持较小的平均异步性，但高有氧体能组不依靠此机制也可实现较好的同步。C.有氧体能会对同步过程中的脑间同步水平产生一定的促进作用，且在较长间隔的任务中实现脑间同步水平与同步任务表现正相关。

一、研究背景

有氧体能指尽可能长时间地维持肌肉力量或速度输出的能力，也被称为"心血管适能"[1]。良好的有氧体能往往通过定期的体育活动来获得，大量研究已经发现，定期进行体育活动或拥有良好的有氧体能能够促进多种认知功能的发展，如执行功能，记忆、学习能力等[2]。从微观上看，这种促进体现为通过急性或长期的运动刺激，脑部血流增加，氧合血红蛋白数量增长，其他营养物质的分泌增多，进而优化了大脑的结构和功能，最终促进了某些认知能力的发展[3]。

感觉运动同步（sensorimotor synchronization）指个体动作在时间上对外界可预测的事件、节奏的协调，是一种基本且重要的认知能力[4]。在唱歌时，有的人会跟不上拍子，有的人会抢拍，有的人则能较好地跟着节拍，这就体现了感觉运动同步能力的差异。在体育活动中，有效地响应来自外界节奏刺激的信号涉及协调素质中的节奏能力和时间感知能力，它们是学习并发挥运动技能的基本环节[5]。因此，感觉运动同步能力的差异会直接影响人的运动技能学习和运动能力，之前的研究也发现了对运动员进行感觉运动同步训练能够促进专项运动能力的发展。尽管这种能力十分重要，且对它的研究已经超过了120年，但它的机制仍未被详尽阐述，且体育活动或有氧体能能否反过来促进感觉运动同步能力的发展还不得而知。

以往对感觉运动同步神经机制的研究通常聚焦于个体层面的神经活动，但在真实的社会生活中，各种认知活动，包括感觉运动同步过程中不仅存在个体内部的神经活动，同时也存在个体间神经的交互活动，因此，研究感觉运动同步过程中的神经间机制十分有必要。超扫描这一范式便为研究认知任务中神经间的活动提供了技术上的支持，它通过同时探测同一认知活动多名个体的大脑血流活动，分析活动的同步性及与行为指标的关系，揭示社会活动的脑间机制[6]。之前有研究发现，在双人进行500 ms间隔的感觉运动同步任务中，双方的额叶表现出了明显的神经同步活动，这就说明了在感觉运动同步过程中双方存在交往[7]。但这种神经同步活动是否与感觉运动同步能力存在关系、感觉运动同步任务的难度是否会随着间隔时间的延长而增加、神经同步活动是否会随着感觉运动同步任务难度的提高而增强尚未清楚。

二、研究目的

本研究结合直接法（测试1000米跑成绩）和间接法（测量生理指标，以评估有氧能力）将大学生受试者分为高有氧体能组和低有氧体能组，利用Matlab程序记录不同间隔任务中两组人群的表现，利用fNIRS设备记录受试者在任务中的脑间信号[8]。目的在于：A.分析有氧体能水平是否会对感觉运动同步能力产生影响，如果有影响，在何种水平的任务中会得到表现。B.如果有氧体能会影响感觉运动同步能力，分析从何种维度产生的这一影响。C.探寻感觉运动同步任务过程中是否会出现脑间同步，以及两组人群脑间同步表现是否存在差异，并分析产生同步及存在差异的原因。

三、研究意义

从行为学角度，本研究分析高低有氧体能人群在双人感觉运动同步任务中的表现，不仅有助于探寻有氧体能对感觉运动同步能力的影响，为有氧体能促进认知功能提供证据，同时在促进运动技能形成、科学指导大众健身方面均有重要的意义；从神经科学角度，fNIRS设备相对于fMRI有更好的时间分辨率，相对于EEG有更好的空间分辨率，同时对噪声的容忍度也高于两者，因此可以在最接近真实的环境中采集到更为实时、更为动态化的信号[9]。本研究既能为运动和脑健康提供进一步的证据，同时又可以丰富认知活动中的脑间机制的研究，为运动学、心理学、认知神经科学的交叉融合提供了新的思路。

四、研究任务

感觉运动同步是种重要的认知能力，也是完善体育技能的重要能力，但其脑间机制还未完全清楚。有氧体能是改善认知功能的重要手段，但有氧体能能否改善感觉运动同步及其改善机制还需进一步探讨。基于已有文献及研究目的，本研究的任务在于设计实验并选取指标对上述几个问题进行探索：

感觉运动同步能力是否会受到有氧体能水平的影响？如果有影响，在何种水平的任务中会得到表现？

前人的研究告诉我们，即使不同人群感觉运动同步能力存在差异，也不一定在所有难度的任务中均存在差异，而是在任务难度上升到某个水平的情况下，差异才开始显现，而运动同步任务的难度是随着任务间隔时间的增加而增大的[10]。那么，高有氧体能人群的感觉运动同步能力是否优于普通人？如果优于普通人，在何种水平的任务中会得到表现？因此，我们设计了500 ms、1000 ms、1500 ms 三种间隔的任务，通过比较任务中体现感觉运动同步能力的平均异步性和同步稳定性两个指标来比较有氧体能的影响。

如果有氧体能会影响感觉运动同步能力，是从哪种维度来施加这一影响的？

从信息处理理论的角度出发，感觉运动同步过程中包含了对同步错误（异步性）的校正成分，这种校正成分是根据调整内部间隔时间来实现的，代表一种时机调整能力[11]；在同步过程中也需要保持相对稳定的间隔时间来保持稳定的同步表现，这就体现了一种时间稳定能力；在双人同步任务中，由于没有节拍器的提示，受试者真正的间隔时间必然与目标的间隔时间产生一定的误差,这就体现了一种精准把控时间的能力。在感觉运动同步中包含的校正、稳定、精准三种因素如何对同步表现进行影响?如果问题成立,两组人群是否依靠同样的机制对同步表现进行影响?如果依靠同样的机制对同步表现进行影响,那么是何种机制导致两组人群同步表现的差异?

我们在实验中通过6项指标来分析影响同步表现的机制。其中,平均间隔时间和间隔时间误差两项指标体现的是时间精准能力,相位校正系数和周期校正系数绝对值体现的是对时机的校正能力,内部计时器稳定性和间隔时间稳定性体现的是时间稳定能力。通过分析两组人群这6项指标与同步表现的关系来探讨双人感觉运动同步的处理机制及有氧体能对相关机制的影响。

感觉运动同步任务过程中是否会出现脑间同步,两组人群脑间同步表现是否存在差异?如果存在差异,产生的原因是什么?

已有研究发现动作同步过程中有可能出现脑间同步[11],但脑间同步是否会随着感觉运动同步任务条件的改变而发生改变尚未得知,两组人群任务期间的脑间同步是否存在差异还不清楚。

我们使用fNIRS设备探测受试者在感觉运动同步中的神经活动,并计算两组人群在不同任务中的脑间同步性,然后对所得结果进行分析、比较,探寻感觉运动同步中的脑间同步机制。进而通过对脑间同步数据和行为数据做相关分析,探寻产生的原因。

五、文献综述

(一)感觉运动同步

1. 感觉运动同步与运动认知的关系

在日常生活中,我们往往有意或无意地调整自己的动作,而实现与外界环境的同步。比如在听音乐时,我们可能随着音乐的拍子点头、拍手或跳舞；两个人并排走路时，他们的行走节奏往往表现为由开始的异步逐渐发展为同步；也有一些需要个体间达到精确的同步的情况，比如在音乐合奏中和赛艇比赛中。我们把这种个体动作与外界可预测的事件、节奏时间的协调称为"感觉运动同步"[12]。

感觉运动同步是人的一种基本而又十分重要的认知能力。这种与他人协调的能力是建立更为复杂、灵活的社会互动的基础，同时，与他人建立同步可以产生亲近感并倾向做出亲社会行为。也有人认为它关系到我们的语言能力和音乐能力的发展[14-16]。

通常用来描述感觉运动同步能力强弱的指标有异步性和同步稳定性。异步性指在时间的响应上自身敲击的节拍与目标节拍的差异，通过二者相减来计算，该指标也是评价感觉运动同步能力最重要的指标[17]。同步稳定性通过整个任务过程中异步性的标准差来计算，体现了保持稳定同步的能力[18]。使用异步性评价感觉运动同步能力的研究发现，该能力的发展在人的7—8岁时就已经接近完成。有研究选取600名3—11岁儿童，要求他们跟随音乐节拍进行敲击，结果发现3岁的儿童会不顾节拍，只以2 Hz左右的频率持续敲击，而5岁的儿童已经表现出了对节拍的适应；也有研究发现5—6岁儿童的感觉运动同步能力仍较弱，而7—8岁儿童就已经发展到与成年人接近的水平，之后随着年龄的增长表现出在敲击节拍中节奏的放缓[19-21]。但也有研究发现异步性和同步稳定性表现出了人群差异，比如音乐家优于普通人，一些有运动、认知障碍（共济性发育障碍、语言障碍、阅读障碍、阿尔茨海默症）的群体会表现出这两种能力的障碍[22]。

实现良好的感觉运动同步需要个体对外部刺激发起的响应时机进行精准把控，而这恰好是协调运动动作的重要成分。因此有人期待这种能力与运动技能的精确性和完成质量有关。于是在运动学领域有学者提出了"同步节拍训练"（synchronized metronome training，SMT）这一概念，要求运动员使目标行为（通常是与专项技术无关的协调练习）与外部提供的目标节奏同步，并通过提供的反馈不断校正自己的节奏。有几项对高尔夫运动员进行的训练展示出SMT能够提高运动员击球的精确性、稳定性，以及挥拍的运动学和动力学表现。这些结果显示，通过SMT训练增强的"时机"能力可以过渡到不相干的运动技能上，并且可能带来某些神经可塑性的变化[23]。随后，Sommer的研究再次验证了这个观点[20]。他将女子精英级和次精英级足球运动员分为实验组和对照组，在实验组的训练中加入了4周的SMT训练，并使用fMRI在实验前、实验后监测两组观看横传技术视频时脑部的血流变化，发现实验组相比于对照组，横传技术有了明显的提升，且实验组在实验后双侧小脑、颞上回、梭状回血流明显减少。动态系统理论认为SMT可以强化自我组织的运动—感知耦合。因此，运动员相关表现的提高也可被视为他们在运动（动作）过程中将来自自身的感觉信息与从环境中感知的相关感觉信息整合起来的能力的提高，神经上的改变和技术上的提高可被认为与大脑皮层和皮层下涉及的多感觉整合回路的效率提高有关[25]。综上，目前已经有一定的证据证明感觉运动同步能力与运动的计划和控制共享某些神经回路，感觉运动同步能力的提高可以优化某些运动技能的表现。

从以往的研究结果看，对外界环境的精确估计和持续响应可能与持续注意有关，比如说突然在节奏任务中加入不相干的刺激会破坏受试者的节奏表现。很多研究者将这种干涉效应解释为对注意力资源的竞争导致的下降的"时机"表现[26]。这也与关于时间感知和预测的注意门控模型（attentional gate model）的观点一致[27]。该模型认为，当需要处理时间性任务和非时间性任务时，注意力资源会被更多地分配到对非时间任务的处理中，因此较少的注意力资源导致了时间处理能力的下降，进而引发对时间感知的误判，也就是说注意力资源的降低会导致感觉运动同步能力下降。为探究感觉运动同步能力的提升是否会影响注意力这一问题，Karampela[26]将40名大学生随机分成实验组和对照组，对两组进行了持续注意任务和感觉运动同步任务的前、后测,并在前、后测期间对实验组进行了为期5天、每天30分钟的SMT。结果发现两组在前测过程中两种任务表现没有显著性差异;在后测过程中,实验组两种任务表现均有显著提高,并且与对照组存在显著差异。所以,我们可以认为感觉运动同步能力与持续注意能力存在一定的关系[29]。

总的来说,我们可以认为感觉运动同步与运动、注意力存在某些联系。D'Andrea-Penna[27]认为,研究感觉运动同步通过训练提高的过程将为进一步研究运动协调、动态注意力、认知的神经处理机制提供新的路径。

2. 信息处理理论

在实验室对感觉运动同步机制的研究中,最为经典的就是敲手指范式。敲手指范式主要被分为两种:第一种为"持续式",即受试者跟随节拍器按照预设的节奏进行同步敲击,一段时间后节拍器停止,受试者按照该节奏继续敲击(这类任务不属于感觉运动同步任务);第二种为"同步式",即受试者跟随节拍器的节奏(节拍器的节奏可以是等时的,也可以是非等时的)保持同步敲击,节拍器停止,任务结束。在两种范式中,受试者都会不断对自己的按键时间进行校正,以达到最佳任务表现。信息处理理论就体现为对这种校正机制的研究[32-34]。

信息处理理论侧重于对时间误差进行内、外部周期之间的校正,使用线性计时模型(linear timekeeper models)来描述这一校正处理过程[35]。Repp认为受试者在"持续式"范式中相邻的两次敲击的间隔(interresponse interval,I)由两种成分组成,即来自中枢系统的产生脉冲并发出运动指令的内部计时器(timekeeper,C)和来自外周的运动延迟(motor delay,D),这两种成分的变化导致了I的变化,并且C和D为两个相互独立的随机变量,于是将第j个间隔描述为$I_j = C_j + D_j - D_{j-1}$(见图36),并根据线性自回归方法建立计时模型,来计算σ_C^2和σ_D^2,后续的大量实验数据显示$\sigma_C^2 > \sigma_D^2$[36-38]。

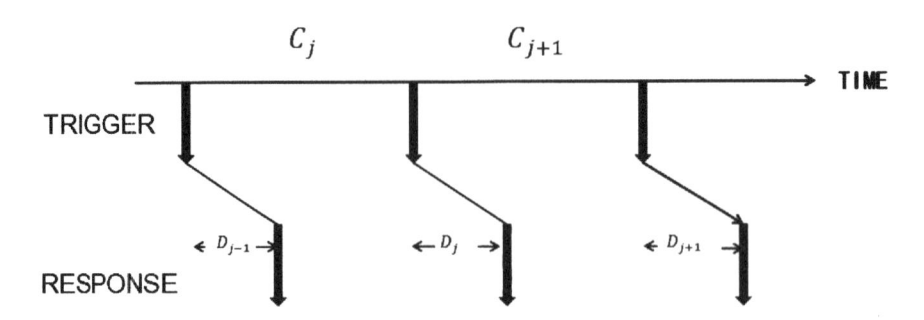

图36 敲击间隔组成成分示意（TRIGGER 表示内部计时器发出运动指令的时间点，RESPONSE 表示敲击时间点，C_j 表示内部计时器第 j 个间隔的时间，D_j 表示内部计时器在结束第 j 个间隔后从发出运动指令到完成敲击间隔的时间。Repp，2005）

基于信息处理理论，对"同步式"的研究者们提出了两个最重要的校正机制，分别是相位校正和周期校正，两者都用异步性（按键的时间点减去对应的节拍器发声时间点）的百分比来改变自己内部计时器的间隔来表示。首先是相位校正（phase correction），表述公式为 $T^*_{n+1} = T_n - \alpha An$（α 为相位校正系数，$T_n$ 为内部计时器的第 n 个间隔，An 为第 n 次按键与节拍器第 n 次声音产生的异步性）[39]。相位校正是自动的、无意识的，它体现的是在外部节奏无变化时对内部计时器的局部相位的调整，内部计时器整体的周期并没有改变（见图37），感觉运动同步任务中往往出现负的异步性（受试者按键时间早于相应的节拍器发声时间），原因在于相位校正包含预测的成分。此外，相位校正还可以提前发生在可预测到的节奏的变化中，以减小异步性。但当系统的节奏变化到达某个阈值（取决于几个基本参数，比如基础节奏），只靠相位校正不足以维持稳定的同步性，由此便形成了第二个处理机制——周期校正（period correction），表述公式为 $T_{n+1} = T_n - \beta An$（β 为周期校正系数，T_n 为受试者认为的第 n 次敲击的时间点，An 为第 n 次按键与节拍器第 n 次声音产生的异步性）[40]。周期校正是有意识的，需要注意力资源的参与，并且需要受试者有意识地感知外部节奏的变化。周期校正体现的是对内部计时器周期根据外部节奏变化的持续调整，直到重新进行下一次的周期校正或任务结束（见图38）。通过后面的实验数据发现，在稳定的感觉运动同步过程中，无论是相位校正系数还是周期校正系数，都通常介于0.2和0.8[41]。

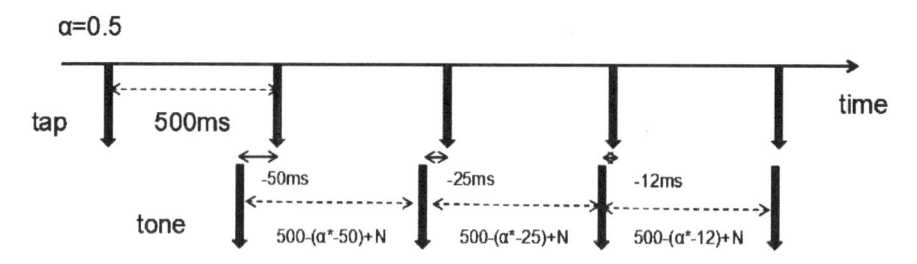

图 37　相位校正机制示意（在本图中，α 被设为 0.5，tap 表示节拍器发出声音的时间点，tone 表示内部计时器发出运动指令的时间点，N 表示运动延迟；为方便理解，运动延迟被设为 0。王子鑫绘）

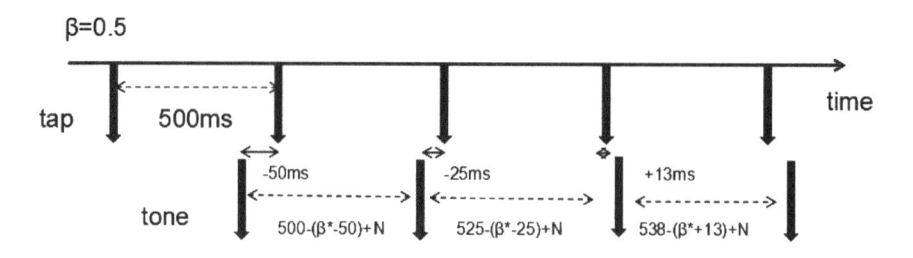

图 38　周期校正机制示意（在本图中，β 被设为 0.5，tap 表示节拍器发出声音的时间点，tone 表示内部计时器发出运动指令的时间点，N 表示运动延迟；为方便理解，运动延迟被设为 0。王子鑫绘）

在实际生活中，由于外部节奏不可能完全无变化，相位校正与周期校正往往同时发生，因此有人提出，人在实际任务中往往同时进行代表短期成分的相位校正和代表长期成分的周期校正，以保持稳定的同步。Jacoby等[43]使用有界广义最小二乘法建立了双重模型，该模型不仅可以计算单人与节拍器同步的相位和周期校正系数，也可以计算多人同步任务中的相位和周期校正整体系数。

3. 感觉运动同步的脑机制

感觉运动同步神经层面的实验室研究也基本使用敲手指范式，这些任务普遍涉及了初级感觉运动区、辅助运动区、运动区、下顶叶、基底核和小脑，但对于任务中的不同成分，又有着各自的激活脑区。本书将敲手指范式对神经的资源调动划分为三种成分，分别为感觉信息的输入成分、运动执行成分和校正成分[43]。

感觉信息的输入包括对输入节拍间隔的感知和对节奏的感知。人对不同节拍间隔的感知可以精确到毫秒[44]。目前认为有两种系统涉及这种能力：第一种是"自动计时"系统（automatic timing），它感知的是较短间隔的节拍，由小脑、初级运动皮层和次级运动皮层组成，通常认为该系统与对运动中时间的把控相关；第二种是"认知控制计时"系统（cognitively controlled timing），它感知的是较长间隔的节拍，由基底核、顶叶、前额叶组成，受注意力调控。但关于两种系统时间感知的界限尚有争议[45]。对节奏的感知需要完整的基底核参与，而节奏感知能力则与听觉皮层、运动皮层的内部耦合程度正相关，对复杂节奏的感知与前额叶的激活水平正相关[46]。

在运动执行中，感觉运动同步任务与随意敲手指最大的区别在于对发出运动指令时机的精准把控。Spencer等要求受试者用分离式（在相邻两次敲击之间刻意做一个暂停）和持续式（与分离式的主要区别在于敲击频率更高），结果发现分离式相对于持续式在小脑蚓部第五、第六小叶的中心区表现出了更强的激活，而两种方式在第五、第六小叶的外侧表现出了相似的激活水平。这个结果说明了第五、第六小叶涉及完成具有时间性质的运动[51]。Pollok等[53]发现受试者在同一个等时的节拍器完成感觉运动同步任务时，大脑活动会表现出半球间的耦合，其中包括双侧初级运动皮层、后顶叶皮层和小脑，这说明大脑在感觉运动同步过程中会表现出躯体感觉信息、运动信息、时间信息的相互整合。此外，Stavrinou等[54]发现，受试者无论在想象中进行感觉运动同步任务，还是真实地进行感觉运动同步任务，表现出的神经基底都较为相似，包含辅助运动区、初级运动区、顶下小叶、颞上回、额下回和基底核。

校正成分包含相位校正和周期校正，尽管两者属于不同的系统，但两者常常同时出现[51]。之前的研究认为两者所涉及的脑区主要包括小脑、基底核、前运动区、辅助运动区、感觉运动区、颞上回、额下回，激活程度取决于校正中有自主意识程度和费力程度的高低[52]。Fairhurst等[57]要求受试者与一个自己可以适应的虚拟伙伴进行感觉运动同步任务。当虚拟伙伴表现得容易适应时（受试者容易与之完成同步），受试者的皮层中线结构表现出了明显的激活；而当虚拟伙伴表现得不容易适应时（受试者不容易与之完成同步），受试者的外侧前额叶区域表现出了明显的激活。还有一项EEG研究对相位校正和周期校正的具体位置做了区分，认为相位校正集中于听觉和次级躯体感觉皮层，而周期校正更多地集中在内侧额叶皮质，特别是辅助运动区[54]。

（二）超扫描

1. 超扫描技术简介

日常生活中，社会交往有着重要的作用。几十年来，认知神经科学一直试图阐述个体社会交往中的脑机制，并取得了显著的成就。但传统的研究也有两个局限：一是传统的研究通常在实验室条件下进行，与真实的社会交往相比有着较低的生态效度；二是社会交往中至少包含两个独立个体，而传统的方式只涉及对个体神经内部的研究，没有考虑到在交往过程中个体神经的相互活动[55]。基于此，超扫描（hyperscanning）技术便应运而生了。

超扫描指同时记录社会互动中两个或多个个体的脑间活动，通过分析脑间活动与行为指标的关系揭示社会互动中的脑间机制[56]。它的主要目的有两个：一是测量受试者在各种任务中表现出的脑间同步及它与行为表现的关系，二是测量受试者间的信息流流向。

与传统研究相似，进行超扫描研究需要的设备主要包括fMRI、EEG、fNIRS。fMRI以极高的空间分辨率、非侵入的方式测量脑部深处的神经活动，一直被认为是神经科学研究设备中的"金标准"，第一项超扫描研究使用的就是fMRI[57]。但受试者需要在测量过程中尽量稳定地躺在扫描仪中，导致了相对于真实的交往环境，fMRI的生态效度较低，因此目前使用fMRI的超扫描研究较少。最早的记录人脑活动的工具就是EEG，它需要将电极放置在受试者的头皮上来测量人的脑电活动，导致了传统的EEG需要对受试者的运动和周围环境严格限制、相对低的空间分辨率、测量深度不足等缺点[58]。近年来随着科技的发展，EEG设备的移动性越来越好，使之不局限于实验室环境。它记录的是人的脑电活动，而另外两种设备记录的是血氧信号，在三种设备中它的时间分辨率最高，可以达到毫秒级，因此很多研究选择了EEG设备进行超扫描研究。fNIRS与fMRI一样都用以测量血氧信号的变化，它同EEG相似，需要将光极放置在头皮上，因此研究也局限于浅层脑区的活动[59-61]。但是fNIRS与其他两种设备相比有着最强的抗噪声能力，它的测量条件可以最接近环境，也由此成了近年来超扫描范式中使用最多的设备[62]。

2. 超扫描研究现状

从Montague等[62]第一次使用fMRI设备同时记录两个人在欺诈游戏中的神经活动，超扫描的研究已经持续了20年。这些研究的差异体现在具体社会互动任务中表现出的认知与心理功能的不同。

　　Wang等[66]将超扫描的实验范式归纳为六种类型：一、模仿任务；二、合作/同步任务；三、眼神交往；四、经济游戏；五、合作/竞争任务；六、社会场景。Czeszumski等[67]则根据外部表征将实验范式进一步分为九种类型：一、协调与同步；二、音乐；三、情绪与影响；四、合作与竞争；五、游戏与决策；六、联合注意；七、多人同步；八、语言与交流；九、干预类。李先春将已有的超扫描研究分为三种类型：一、感知与运动层面的社会互动，这类任务的特点是探索个体在进行相同任务期间的脑活动，受试者没有动机和目标方面的分歧；二、探索信息传递和加工层面的社会互动，这类任务的特点是探索个体交流和沟通中的脑活动；三、探索思维和决策层面的社会互动，这类任务的特点是探索社会互动中的个体目标、动机、决策等高级认知功能的脑机制。总的来说，上述两种实验范式的分类可以与他的超扫描研究的类型对应上。因此，本书根据他的超扫描研究的三种类型进行讨论。

　　在感知和运动层面，主要的研究范式包括模仿任务和同步任务。模仿任务中，Dumas等[69]要求模仿者跟随被模仿者做一些无意义的手势，发现在双方右侧顶叶中部的alpha、mu频段的信号同步程度与双方动作一致性正相关；Zhdanov等[70]要求模仿者跟随被模仿者做右手手指屈伸的动作，发现双方感觉运动皮层的alpha、beta频段的信号同步程度与双方动作一致性正相关。在几项感觉运动同步的研究中，研究者发现在同步过程中，受试者们的额叶区域会表现出同步。Yun等[74]将受试者分为实验组和对照组，要求实验组进行一段时间的相互合作练习，对照组则与电脑进行合作；然后要求两名受试者都用食指指对方，这时实验组受试者出现了腹内侧前额叶皮层的脑间同步及无意识的动作同步，对照组则没有出现。在几项音乐合奏的任务中，Lindenberger等[75]发现乐手的前额叶theta频段在吉他合奏中出现了显著的脑间同步；后来，他在合唱、小提琴合奏、击鼓中都在演奏者的前额叶区域发现了显著的脑间同步。上述的研究可以说明，在社会交往中，动作同步与脑间同步可能存在正向相关，动作同步可能诱发脑间同步，脑间同步也有可能带来隐秘的动作同步，同步水平的高低也有可能与受试者间的熟悉情况存在关系。通常我们认为额叶为最重要的社交脑区，涉及大量的认知机制，但在某些涉及时间处理机制的任务中，额叶可能也有着重要的作用。

在信息传递和加工层面，研究内容包括日常生活中各种各样的交流形式。在语言的交流中，Jiang等[79]发现了相对于背对背，受试者在面对面交流中表现出了更强的脑间同步。Spiegelhalder等[80]发现在交流过程中，说话者的语言相关脑区与倾听者的听觉相关脑区表现出了同步性。Hirsch等[81]随后发现了在物体命名和辨别任务中，受试者在威尔尼克区表现出了脑间同步性。在一些非语言交流任务（如手势、表情、眼神、符号交流等）中，受试者的额叶、颞叶、运动区也不同程度地表现出了同步性。此外，这一层面还有一个最大的特点，就是相对于其他类型的研究更广泛地涉及了多人（三人及以上）范式，如小组讨论、头脑风暴、课堂师生互动、演讲者与听众互动……总的来说，在双人及多人互动中，脑间同步性显著优于人机互动，同步性的高低与受试者间的亲密程度、信息传递的效果、语言交流中的非语言线索存在一定的关系。

在动机与决策层面，目的在于考察个体在面临不同选择时的神经活动，并且希望通过神经活动预测后续的行为选择。研究内容主要包括合作与竞争、合作与背叛、信任与欺骗等双人竞技类小游戏。在合作和竞争任务中，Cui等[90]最早发现了竞争条件下双方的前额叶同步程度明显低于合作条件下，后来的研究使用相同的范式发现同性间与异性间、陌生人间与情侣间，家长与孩子间、陌生人与孩子间在合作或竞争上的脑间同步并不相同。在合作与背叛、信任与欺骗中，研究结果同合作与竞争大体相似，背叛或欺骗相对于合作或信任往往表现出更低的额区同步。总的来说，这些研究再一次验证了额叶在认知和社交功能中的重要意义，并显示出了它在亲社会行为中的独特作用。

从不同类型任务的表现来看，有两个神经系统中的脑区被广泛涉及。第一个是镜像神经元系统，它主要由初级运动皮层、感觉皮层、顶叶皮质构成。在运动、同步、模仿、协调等任务中，这些脑区往往表现出明显的脑间同步性。第二个是心智化系统，它主要由颞顶联合区、前额叶皮层构成，它的功能是猜测他人的心理意图。在交流、竞技类游戏这类涉及高级认知功能的任务中，这些脑区往往表现出明显的脑间同步性。

（三）体育活动对大脑的影响

有氧体能指尽可能长时间地维持肌肉力量或速度输出的能力，也有研究称之为"心血管适能"。这一概念形容有氧能力，它是在体育活动中提高的，大量研究以体育活动为手段对之进行提升，并比较提升前、后各种指标的变化，因此它与体育活动有着不可分割的关系[73]。神经科学及心理学的研究常将"有氧体能""体育活动""身体训练""有氧运动"几个概念通用[74]。为覆盖全面，笔者在检索该部分相关文献时，也将上述四个词作为并列词。为方便表述且符合语言习惯，在该部分使用"体育活动"这种表达方式对非抗阻运动及柔韧运动的内容进行综述。

1. 体育活动对大脑分子层面的影响

从分子生物学角度来看，神经系统进行生命活动的前提是对营养的获取和对能量的利用。大量的研究已经证明，体育活动可以通过对大脑产生持久的良好影响，帮助人们保持身心健康。这种影响主要通过运动产生的某些有益物质来提高神经回路的效率，并改变大脑的结构和功能[75-77]。因此，从微观上讨论体育活动如何产生哪些物质、怎样作用于神经系统可以揭示运动使大脑结构和功能发生变化的根本原因。

脑源性神经营养因子（Brain-derived Neurotrophic Factor，BDNF）和血管内皮生长因子（Vascular Endothelial Growth Factor，VEGF）是两种

调节神经可塑性及细胞的变化，具有形成新的神经元、突触、血管等作用的蛋白质，它们的水平直接影响神经的质量。BDNF通过与原肌球蛋白受体激酶B（TrkB）结合形成BDNF-TrkB复合物参与大量神经元功能的信号事件。高水平的BDNF可以提高记忆力，并抑制认知功能的衰退；低水平的BDNF则与阿尔茨海默病、帕金森病等记忆功能恶化、神经退行性病变、认知障碍疾病相关，体育活动改变大脑细胞及分子机制的首要因素就是间接调节BDNF和VEGF水平[78-80]。在动物模型中，大鼠无论是主动运动还是被迫运动，海马旁回的BDNF水平都会提高。Meta分析的结果显示运动对BDNF的表达存在剂量反应效应，表达提高量则取决于运动的强度和时间，但相同负荷女性的提高程度明显低于男性。无论受试者进行一次急性耐力训练还是三个月的耐力训练干预，BDNF表达水平都会提高，且会在运动结束两周内持续提高，但有规律的运动对BDNF水平的提升作用更明显[81,82]。

骨骼肌作为分泌器官，会在运动中以子分泌、旁分泌、内分泌的形式产生细胞因子作用于大脑，我们将之称为"肌—脑轴"。目前的研究认为，运动中作用于肌—脑轴的几种重要代谢产物和肌因子包括鸢尾素、乳酸、组织蛋白酶B、犬尿胺酸氨基转移酶（Kynurenine Aminotransferases, KATs）[83]。

鸢尾素是由FNDC5基因编码的肌因子，参与白色脂肪褐变，能够增加能量消耗，提高葡萄糖耐量，它的水平与骨骼肌质量和有氧能力正相关，此外，急性运动与长期运动都会提升其释放入血量。对动物的研究发现鸢尾素能够促进大鼠胚胎干细胞的神经元分化，对人的研究发现鸢尾素进入大脑后可以直接作用于海马，提高BDNF表达水平，也能通过刺激皮层中cAMP-PKA-CREB通路间接提高BDNF表达水平，这些研究认为鸢尾素是运动提高突触功能、改善记忆力的媒介物[84]。

乳酸是糖酵解最终产物代谢物，它的水平与运动持续时间和强度正相关。对动物的研究发现，乳酸能够提高大鼠的初级神经元和感觉运动皮层的神经可塑性。也有研究发现乳酸能够增加星形胶质细胞内的BDNF表达水平，提升星形胶质细胞的形态复杂性和纹状体内星形胶质细胞的特异性的神经营养表达。最近有研究发现静息状态下外周血中乳酸水平与脑内BDNF水平存在正相关[85]。

组织蛋白酶B是一种溶酶体半胱氨酸蛋白酶，主要功能是参与细胞内蛋白质分解代谢、免疫应答中抗原的加工、激素的激活和骨转换。Norheim对受试者进行11周的力量训练，发现训练结束后受试者骨骼肌中组织蛋白酶B的含量显著上升。Moon发现大鼠在运动后骨骼肌、脑、血液中组织蛋白酶B均显著上升；人和灵长类动物在进行4个月的跑步机运动干预后，组织蛋白酶B也显著上升。以上结果说明有氧运动和抗阻运动均能增加体内组织蛋白酶B含量，提高了的组织蛋白酶B会通过血脑屏障作用于海马，提高BDNF的表达，进而刺激神经形成[86]。

犬尿氨酸（Kynurenine，Kyn）是一种神经代谢中间产物，它的发展方向有两条，分别是产生3羟基犬尿氨酸和喹啉酸的兴奋毒性通路（会攻击免疫和中枢神经系统，造成神经退行性病变、兴奋性中毒、神经性炎症和抑郁行为），以及产生犬尿喹啉酸的神经保护通路（可以清除氧自由基、超氧阴离子、过氧化亚硝酸盐等氧化物）。Agudelo发现运动后骨骼肌中KATs的含量明显提高，KATs是将Kyn转换为犬尿喹啉酸的催化剂，可以促进神经保护通路的形成，并减弱兴奋毒性通路的形成[87]。

体育活动除了通过肌—脑轴直接传递有益物质来改善脑的结构和功能，也可作用于其他器官对脑施加影响。肝脏中脂肪酸分解产生β-羟基丁酸，通过单羟酸转运体入脑，β-羟基丁酸入脑后能刺激BDNF形成，为阿尔茨海默病、亨廷顿病和帕金森病患者提供神经保护。研究发现，体育活动能加速β-羟基丁酸的释放入血[88]。此外，肝脏也会在运动中加速肝因子、成纤维细胞生长因子21的释放，这两种因子可以改善海马突触可塑性、树突状棘密度、脑线粒体功能，并减缓细胞凋亡。肠道微生物数量与人体细胞数量大体相同，有人将肠道微生物群称为一个新的组织，尽管尚未有充足的证据显示它们与远端组织器官交流的能力，但有研究将抑郁症患者的肠道微生物移植到正常大鼠的肠道，大鼠表现出抑郁倾向，结果表明肠道微生物可以与中枢神经系统进行信息传递，形成微生物—肠—脑轴[89]。还有研究发现体育活动提升心理健康与对肠道特定菌株的改变有关，但具体机制尚不清楚。

2. 体育活动对大脑结构与功能的影响

从行为上看，体育活动对提高注意力、改善认知能力、增强感觉运动同步能力、缓解压力等都有正向效应，形态解剖学、脑成像等技术可以帮助我们更直观地了解了运动对脑的改变、诠释了行为能力得到提高的深层原因。

Laura等[139]将32名8—9岁儿童分为实验组和对照组，要求实验组在9个月的时间内每天放学后进行1个小时的体育活动，并在干预前、后使用fMRI监测两组在涉及注意力和抑制控制的flanker任务中的脑部血流变化。结果发现实验组在任务表现上有了显著提高，任务中前额叶的血流显著增加，在后测中，这种无论是行为表现还是脑的激活模式，都表现出了较高水平；对照组在9个月间无论是行为表现还是脑的激活模式，都没有显著变化。不仅长时间的体育活动能提升认知能力，笔者通过分别对大学生和老年人进行了10分钟的中等强度的功率自行车干预，还发现两种人群运动结束后执行功能的表现均较运动前有了显著提高，且额叶的脑区表现出了更强的激活。也有研究发现体育活动会提高脑岛、小脑、纹状体的活动水平，进而改善儿童的注意控制和学习能力。综上，我们可以看到，体育活动既有可能增强某些任务相关脑区的激活，也有可能减弱某些任务相关脑区的激活，但在行为上体现的都是加强，因此有观点认为激活的增强出于神经资源募集能力的增强，而减弱出于神经资源募集效率的增强[91-93]。

海马体与记忆力、空间定向、情绪高度相关，有研究发现跑步运动显著提高了大鼠海马体内新生神经元的数量，后来有研究发现有氧运动会诱导海马体体积和血管结构的变化。有研究发现体育活动（运动干预）会增加额叶、颞叶、顶叶、扣带回灰质的体积和密度，进而提高记忆力[94]。

即使处理最简单的任务，单独一个脑区也无法胜任，这就需要不同脑区相互合作，从而形成各种功能网络。体育活动的神奇之处在于不仅能增强或减弱局部脑区的激活，改变局部脑区的容量，更能提升功能网络的效率。目前有研究发现体育活动能够改善任务中的神经控制网络和记忆网络。Krafft等将22个过度肥胖的青少年分成了运动组和对照组，对运动组进行了8个月的运动干预，发现在静息状态下，运动组的默认网络、运动网络、认知控制网络与对照组有了显著的差异[151]。

体育活动对脑结构和功能的影响较为广泛，包括了大脑皮质、边缘系统、小脑及功能网络。具体来说，体育活动通过引发分子层面的变化，进而改变大脑的结构，结构决定功能，结构的变化导致了某些脑区能力或效率的提高，最终提高了处理各种任务时不同脑区（功能网络）的整体效率[96]。

综上，我们提出了研究问题：有氧体能是否会对感觉运动同步能力及脑间机制产生影响？我们的假设是，良好的有氧体能会改善感觉运动同步能力，并且可以增强这一过程中的脑间同步性。

六、研究对象与方法

（一）研究对象

招募某高校男大学生100名，其中包括校中长跑队运动员、长跑社团成员及非体育专业大学生。将50名中长跑队运动员、长跑社团成员划分为实验组，将50名非体育专业大学生划分为对照组。所有受试者均自我汇报为右利手，视力正常或矫正视力正常，无脑损伤或精神疾病经历，实验任务开始前24小时内未饮酒、未熬夜。为消除亲密度对结果的影响，匹配认识时间在3个月以上者为同一受试者对（Li, et al, 2020），共组成50对受试者。

实验前一周将所有受试者随机分成5组，记录其1000米跑用时。实验当天测量其身高、体重、静息心率，询问每周运动时间、强度，使用Jurca等（2005）提出的方法评估受试者的有氧能力水平。该方法可以通过收集受试者的性别、BMI、静息心率、每周运动时间，以及以强度换算得来的身体活动分数来评估受试者有氧体能，获得的结果采用代谢当量表示，数值越大，代表有氧能力越强。在数据处理过程中发现有5对受试者行为数据或神经数据存在异常，予以剔除，保留45对受试者结果，其中实验组23对，对照组22对，组间信息如表10所示。

实验开始前，每名受试者都签署了知情同意书，知晓并了解了实验的内容和程序。本实验获得了首都体育学院人体实验伦理委员会的许可。

表 10　组间信息

项类	组别	均值	F	t	P
年龄	实验组	21.20 ± 1.98	1.534	1.790	0
	对照组	20.32 ± 1.60			
身高/cm	实验组	174.61 ± 5.86	0.005	0.320	0.780
	对照组	174.24 ± 5.62			
体重/kg	实验组	66.14 ± 6.98	6.336	−1.157	0.200
	对照组	68.23 ± 10.67			
BMI	实验组	21.67 ± 1.76	12.991	−1.539	0.127
	对照组	22.41 ± 2.93			

续表

项类	组别	均值	F	t	P
静息心率/min	实验组	65.18 ± 4.75	14.429	−6.691	0
	对照组	73.08 ± 6.86			
身体活动分数	实验组	3.03 ± 0	108.477	8.544	0
	对照组	1.76 ± 1.05			
代谢当量/MET	实验组	16.19 ± 0.37	34.175	9.690	0
	对照组	14.58 ± 1.12			
1000米跑成绩/s	实验组	202.06 ± 11.03	0.155	−15.358	0
	对照组	239.12 ± 13.02			

（二）实验材料与程序

记录受试者信息后，将一对（2名）受试者随机编号为1号和2号。受试者背对背坐在电脑屏幕前，阅读实验流程；主试为受试者佩戴光极帽；当受试者明白实验流程后，戴上耳机，对每种条件进行至少1个试次的练习，随后正式开始实验，实验场景如图39（A）所示。

实验分为2个阶段，分别为静息阶段和任务阶段。静息阶段持续2分钟，要求受试者尽量保持头部不动。静息阶段结束后进入任务阶段，任务为听觉双人同步敲击，分为500 ms间隔、1000 ms间隔、1500 ms间隔三种类型。每种条件包含6个试次，共计18个试次。每个试次持续60秒。在前10秒中，受试者的耳机中传来系统节拍声音，要求受试者尽量跟随系统节奏完成同步敲击；后50秒，受试者的耳机中传来对方敲击的声音，要求受试者尽量保持系统节奏完成与同伴同步的敲击，声音为低音调（500 Hz）的纯音 beep。

实验开始后随机选取一种类型，受试者根据指导语的要求完成任务。受试者将该部分的6个试次全部完成后再随机选取下一类型，完成第二种类型的6个试次后进入最后一种类型。两种类型间休息30秒。实验持续时间为约28分钟，实验流程如图39（B）所示。

（三）数据采集

实验在昏暗的心理学实验室进行。实验刺激材料通过Matlab（2018a）中的Psychotoolbox 3.0进行编程。显示器屏幕分辨率为1920×1080，受试者与显示器之间的距离为约60厘米。听觉刺激以入耳式耳机进行播放，所有受试者耳机中的音量均被统一设置为主试觉得适宜的音量。

受试者在键盘上进行敲击任务，敲击的时间点由Matlab（2018a）记录并保存。神经数据以近红外光谱技术（fNIRS）FOIRE-3000设备记录（LABNIRS，Shimadzu Co.，Japan）。该设备可以采集氧合血红蛋白（HbO）、脱氧血红蛋白（HbR）、总血红蛋白（HbT）的相对浓度变化。实验采用2（人）×3（行）×4（列）的光极排布，光极固定于光极帽上，受试者佩戴光极帽，每人6个发射、6个接收，光极的放置参照脑电10-20系统，每个光极相距约3厘米，其中第2行、第3列的接收光极被放置在Fz位置。这12个光极相应地组成了17个通道【光极与通道的排布如图39（C）所示】，采用虚拟配准方法对通道与大脑皮层的对应位置进行分析（Tsuzuki, et al, 2007），通道的坐标与所属脑区见表11。该fNIRS设备采用的三种近红外光的波长分别为780 nm、805 nm、830 nm，采样频率为10 Hz。

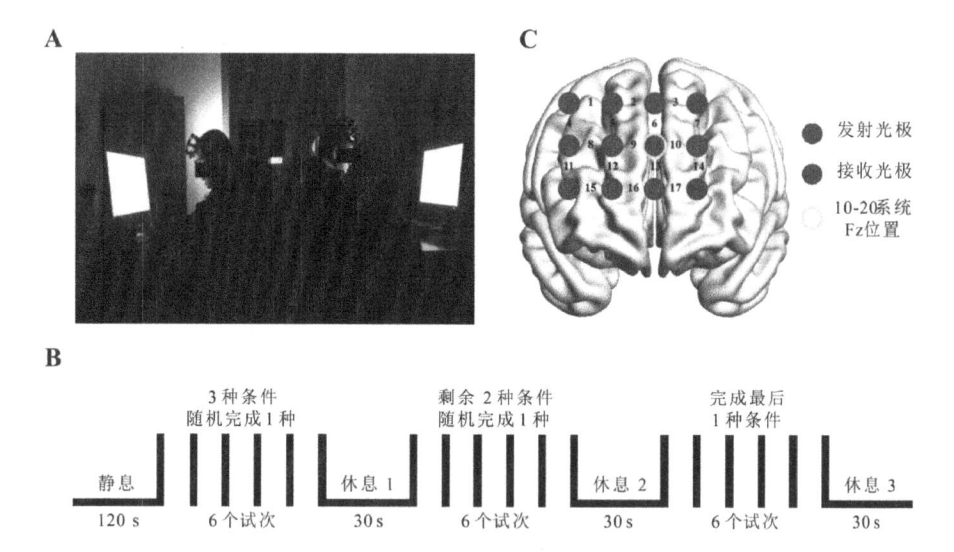

第三部分：周期性项目运动员在不同间隔时间任务中感觉运动同步能力特征及脑间同步机制研究 149

图39 实验任务设计及功能近红外设备超扫描范式示意（A为实验组拍摄，B为实验组所绘，C来自实验软件）

注：A为实验中的受试者对，B为任务设计，C为光极与通道排布

表11 通道坐标及所属脑区

通道编号	坐标位置 X	坐标位置 Y	坐标位置 Z	半球	脑区
1	28	24	62	右	额上回
2	7	27	65	右	额上回
3	−17	28	63	左	额上回
4	41	31	48	右	额中回
5	18	36	58	右	额上回
6	−6	40	57	左	额上回
7	−27	36	52	左	额上回
8	32	44	45	右	额中回

续表

通道编号	坐标位置			半球	脑区
	X	Y	Z		
9	11	49	51	右	额上回
10	−11	49	49	左	额上回
11	45	48	26	右	额中回
12	24	56	39	右	额中回
13	0	56	40	右	额上回
14	−24	57	36	左	额中回
15	38	60	21	右	额中回
16	16	66	29	右	额中回
17	−11	66	28	左	额上回

1. 行为数据的预处理

A.使用Matlab将受试者在每个试次中敲击的时间点提取出来。B.将所有试次前10秒及10秒后第1次按键数据删除。C.如果一名受试者在0.2秒以内连续按键2次，删除其第2次按键。D.同一试次内，如果一名受试者出现漏按，将其相邻两次按键时间的中间值插入；如出现3次及以上漏按，删除该试次。E.如果同一试次内两名受试者按键次数不一致，视数据情况删除某一名受试者第1次按键或最后一次按键，以保证按键次数一致（Dai, et al, 2018）。剔除不符合处理要求的试次后，剩余741个试次，其中500 ms间隔剩余251个试次；1000 ms间隔剩余252个试次；1500 ms间隔剩余238个试次。将剩余的741个试次纳入正式分析。

2. 行为数据的处理与分析

平均敲击间隔时间：平均敲击间隔时间用以评价两组人群完成任务的条件是否相同，通过每个试次中每名受试者按键间隔的平均值来获得。以往研究发现平均敲击间隔时间与任务绩效高度相关，若两组人群存在显著差异，表示组间任务条件不一致，会对其他实验结果产生直接影响（Repp，2005）。

同步表现：平均异步性用以评估SMS任务的绩效。由一名受试者的按键时间点减去另一名受试者与之对应的按键时间点获得异步性，通过将异步性转化为绝对值，再计算其均值而得出平均异步性。在相同任务类型中，该值越小，代表同步能力越强。

校正机制：选取相位校正收益 α 用作评价校正能力的指标。α 指同步过程中受试者根据前一次的异步性校正下一次的按键时间的程度，同一对受试者 α 的平均值越接近1，代表该同步系统的校正能力越强（Dai, et al，2018）。计算方法采用bGLS模型（Jacoby, et al，2015）。

稳定机制：敲击间隔变异性用作评估稳定能力的指标。相同任务类型中，该值越小，代表时间把控能力越稳定。通过计算每个试次中每名受试者按键间隔的标准差来获得。

采用SPSS 24.0统计软件对行为数据进行2（组别：实验组、对照组）×3（任务类型：500 ms、1000 ms、1500 ms）的重复测量方差分析，为明确完成任务采取的主要策略，采用Person相关检验分析同步能力指标与校正机制、稳定机制的关系。

3. 神经信号的处理与分析

以往的研究发现，HbO对血流变化更加敏感，因此本实验只选取HbO浓度信号进行分析（Hoshi，2003）。首先剔除行为数据分析中所删除的试次；然后为消除环境变化对信号造成的干扰，将静息阶段前20秒的信号剔除，将剩余血氧信号数据纳入分析。

选取每名受试者每个探测通道在静息状态后100秒的脑数据（静息状态前20秒的信号已被剔除）作为基线，选取每个试次系统声音结束后的50秒数据作为任务阶段信号。接下来，为消除全局分量，采用主成分分析过滤噪声（Zhang, et al，2016）。采用小波转换相干性分析（wavelet transform coherence，WTC）获取脑间相干性（Cui，et al，2012）。结果显示，周期为25.6 s — 51.2 s的频带（频率为0.059 Hz — 0.039 Hz）对我们的任务更敏感（见图40）。同时，在本实验中，由于每个试次持续时间为50 s（0.02 Hz），选择0.059 Hz（51.2 s）— 0.039 Hz（25.6 s）的频段与之对应。本研究将各个试次任务阶段的相干性均值与基线条件的相干性差值界定为任务相关的IBS增强【mean（block）-baseline】，将得出的IBS增强数值进行fisher-z的转换，用作后续的统计分析。

进行分析时，使用单样本t检验（相较于0）查看各个通道是否存在显著增强的IBS，对t检验结果做错误发现率（false discovery rate，FDR）法校正。对于存在显著IBS增强的通道，进行2（组别：实验组、对照组）×3（任务类型：500 ms、1000 ms、1500 ms）的重复测量方差分析，采用Person相关分析检验其与行为表现的关联。

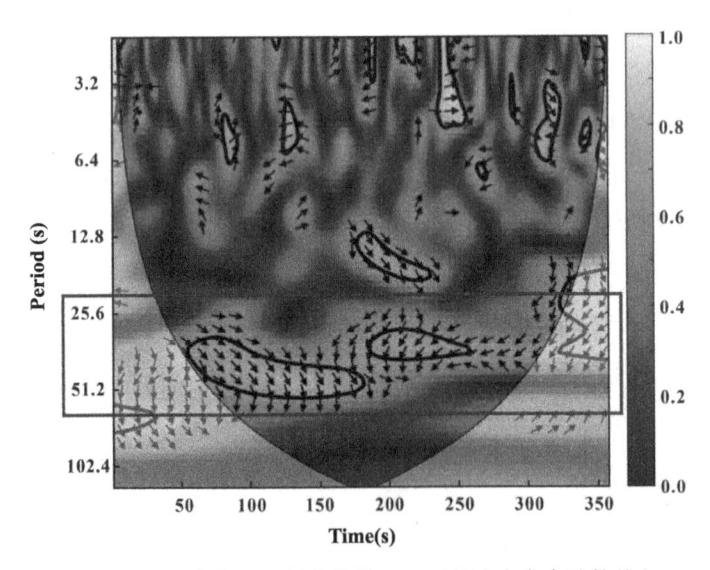

图40　小波变换相干性获得的IBS时频（来自实验软件）

注：选取实验组某受试者在任务期间2号通道IBS结果，边框表示感兴趣的频带（周期为25.6 s — 51.2 s，换算成频率为0.059 Hz — 0.039 Hz）。

七、研究结果

（一）感觉运动同步

1. 平均敲击间隔时间

实验组分别为494.19±19.48（500 ms）、961.94±79.62（1000 ms）、1455.48±161.07（1500 ms），对照组分别为503.84±28.98（500 ms）、985.02±80.37（1000 ms）、1438.16±177.50（1500 ms）。对两组受试者在3种条件下的平均敲击间隔时间进行独立样本t检验，结果显示，两组受试者无显著差异（500 ms：$t_{(43)}$=-1.316，$p>0.05$，Cohen's d=-0.391；1000 ms：$t_{(43)}$=-0.968，$p>0.05$，Cohen's d=-0.289；1500 ms：$t_{(43)}$=0.343，$p>0.05$，Cohen's d=0.102）。【见图41（A）】

2. 同步表现——平均异步性

实验组分别为57.82±12.10（500 ms）、79.50±19.61（1000 ms）、119.04±22.25（1500 ms），对照组分别为62.92±12.20（500 ms）、91.69±19.86（1000 ms）、150.44±20.50（1500 ms）。对两组受试者在3种任务中的平均异步性进行2×3重复测量方差分析，结果显示，组别主效应显著[$F_{(1, 43)}$=18.066，$p<0.05$，η_p^2=0.296]，任务类型主效应显著[$F_{(2, 86)}$=255.432，$p<0.05$，η_p^2=0.856]，组别×任务类型交互效应显著[$F_{(2, 86)}$=8.271，$p<0.05$，η_p^2=0.161]。进行进一步的简单效应分析发现，随着间隔时间的延长，两组人群的平均异步性均显著增加（$p<0.01$，Bonferroni法）。在1000 ms和1500 ms间隔任务中，实验组的平均异步性小于对照组（1000 ms，$p<0.05$；1500 ms，$p<0.01$。Bonferroni法），即在1000 ms、1500 ms两种任务中，实验组同步表现优于对照组。【见图41（B）】

3. 校正能力——相位校正收益

实验组分别为0.28±0.08（500 ms）、0.49±0.14（1000 ms）、0.50±0.08

（1500 ms），对照组分别为0.30±0.12（500 ms）、0.45±0.11（1000 ms）、0.51±0.10（1500 ms）。对两组受试者在3种任务中的相位校正收益进行2×3重复测量方差分析，结果显示，组别主效应不显著[$F_{(1,43)}$=0.004，$p>0.05$]，任务类型主效应显著[$F_{(2,86)}$=57.711，$p<0.05$，η_p^2=0.573]，组别×任务类型交互效应不显著[$F_{(2,86)}$=0.911，$p>0.05$]。进行进一步的简单效应分析发现，500 ms任务的相位校正收益（0.292±0.101）明显低于1000 ms（0.468±0.127）（$p<0.05$, Bonferroni法）和1500 ms（0.503±0.089）（$p<0.01$, Bonferroni法）。【见图41（C）】

4. 稳定能力——敲击间隔变异性

实验组分别为42.43±10.33（500 ms）、82.39±26.60（1000 ms）、144.04±22.39（1500 ms），对照组分别为50.46±10.75（500 ms）、99.86±27.10（1000 ms）、174.64±22.95（1500 ms）。对两组受试者在3种任务中的敲击间隔变异性进行2×3重复测量方差分析，结果显示，组别主效应显著[$F_{(1,43)}$=17.534，$p<0.05$，η_p^2=0.290]，任务类型主效应显著[$F_{(2,86)}$=614.162，$p<0.05$，η_p^2=0.967]，组别×任务类型交互效应显著[$F_{(2,86)}$=6.240，$p<0.05$，η_p^2=0.229]。进行进一步的简单效应分析发现：随着间隔时间延长，两组人群敲击间隔变异性均显著增加（$p<0.01$, Bonferroni法）；但三种任务类型下，实验组的敲击间隔变异性均显著小于对照组（500 ms，$p<0.05$；1000 ms，$p<0.05$；1500 ms，$p<0.01$。Bonferroni法），即三种条件下实验组均具有更好的稳定能力。【见图41（D）】

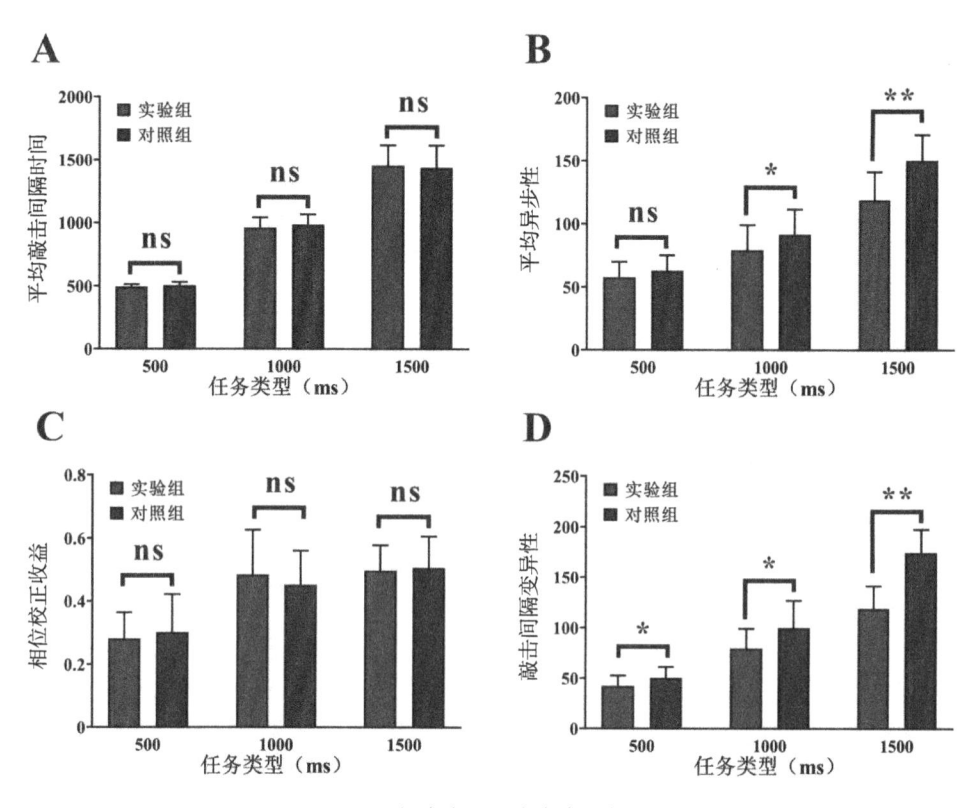

图 41 行为表现（来自实验软件）

注：图41（A）表示三种任务中的两组人群的平均敲击间隔时间，图41（B）表示三种任务中的两组人群的平均异步性，图41（C）表示三种任务中的两组人群的相位校正收益，图41（D）表示三种任务中的两组人群的敲击间隔变异性。"ns"表示$p>0.05$，"*"表示$p<0.05$，"**"表示$p<0.01$

5. 提升任务表现的关键因素

为明确影响同步表现的关键因素，对两组人群的平均异步性、相位校正收益及间隔时间稳定性进行了Person相关分析。结果显示，在1000 ms和1500 ms两种任务中，两组人群的平均异步性与敲击间隔变异性呈显著正相关（1000 ms：实验组$r=0.649$，$p<0.01$；对照组$r=0.768$，$p<0.01$。1500 ms：实验组$r=0.819$，$p<0.01$；对照组$r=0.799$，$p<0.01$），即两

组人群在1000 ms、1500 ms两种任务中均依靠稳定能力实现更好的任务表现。(见图42)

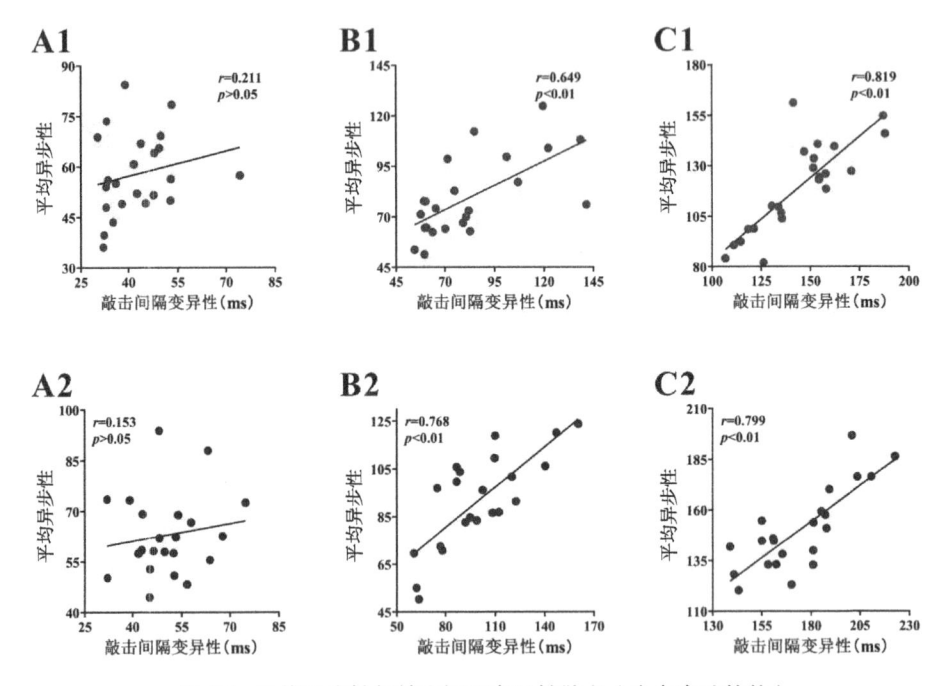

图 42 平均异步性与敲击间隔变异性散点（来自实验软件）

注：图42（A1、B1、C1）分别代表实验组在500 ms、1000 ms、1500 ms间隔任务的散点，图42（A2、B2、C2）分别代表对照组在500 ms、1000 ms、1500 ms间隔任务的散点

(二) 人际脑间同步（IBS）增强

为明确任务中的脑间机制，将两组人群在三种间隔任务中相关IBS增强数值转化为Z值，对不同任务各个通道的Z值做相对于0的单样本t检验。结果显示：在500 ms间隔任务中，实验组的2号通道$[t_{(22)}=3.740, p<0.01, Cohen'd=1.103]$，对照组的13号通道$[t_{(21)}=2.564, p=0.058, Cohen'd=0.773]$、17号通道$[t_{(21)}=2.404, p<0.05, Cohen'd=0.725]$出现了

显著增强的IBS，但只有实验组的2号通道通过了FDR校正（$p<0.05$）；在1000 ms间隔任务中，单样本t检验分析发现，实验组的2号通道[$t_{(22)}$=6.068，$p<0.01$，$Cohen'd$=1.790]、3号通道[$t_{(22)}$=2.537，$p<0.05$，$Cohen'd$=0.748]，对照组的3号通道[$t_{(21)}$=2.849，$p<0.05$，$Cohen'd$=0.860]、13号通道[$t_{(21)}$=2.832，$p<0.05$，$Cohen'd$=0.853]出现了显著增强的IBS，但只有实验组的2号通道通过了FDR校正（$p<0.05$）；在1500 ms间隔任务中，单样本t检验分析发现，实验组的2号通道[$t_{(22)}$=4.706，$p<0.01$，$Cohen'd$=1.388]、对照组的17号通道[$t_{(21)}$=2.335，$p<0.05$，$Cohen'd$=0.704]出现了显著增强的IBS，但只有实验组的2号通道通过了FDR校正（$p<0.05$）。图43（A、B、C）为各通道IBS增强t值图。2号通道位于右侧额上回区域。以上结果表明，实验组右侧额上回区域出现了任务相关的IBS增强。

实验组2号通道的IBS增强分别为0.05 ± 0.07（500 ms）、0.07 ± 0.05（1000 ms）、0.05 ± 0.06（1500 ms），对照组2号通道的IBS增强分别为-0.05 ± 0.05（500 ms）、-0.00 ± 0.07（1000 ms）、0.00 ± 0.04（1500 ms）。对两组人群2号通道在三种条件下的IBS增强进行2×3重复测量方差分析，结果显示：组别主效应显著[$F_{(1,43)}$=22.049，$p<0.05$，η_ρ^2=0.339]，任务类型主效应不显著[$F_{(2,86)}$=0.888，$p>0.05$，η_ρ^2=0.020]，组别×任务类型交互效应不显著[$F_{(2,86)}$=0.543，$p>0.05$，η_ρ^2=0.052]。进行进一步的简单效应分析发现，三种任务类型下，实验组的IBS增强均显著高于对照组（500 ms，$p<0.01$；1000 ms，$p<0.01$；1500 ms，$p<0.01$。Bonferroni法），即3种条件下实验组右侧额上回区域均具有更高的IBS增强【见图43（D）】。

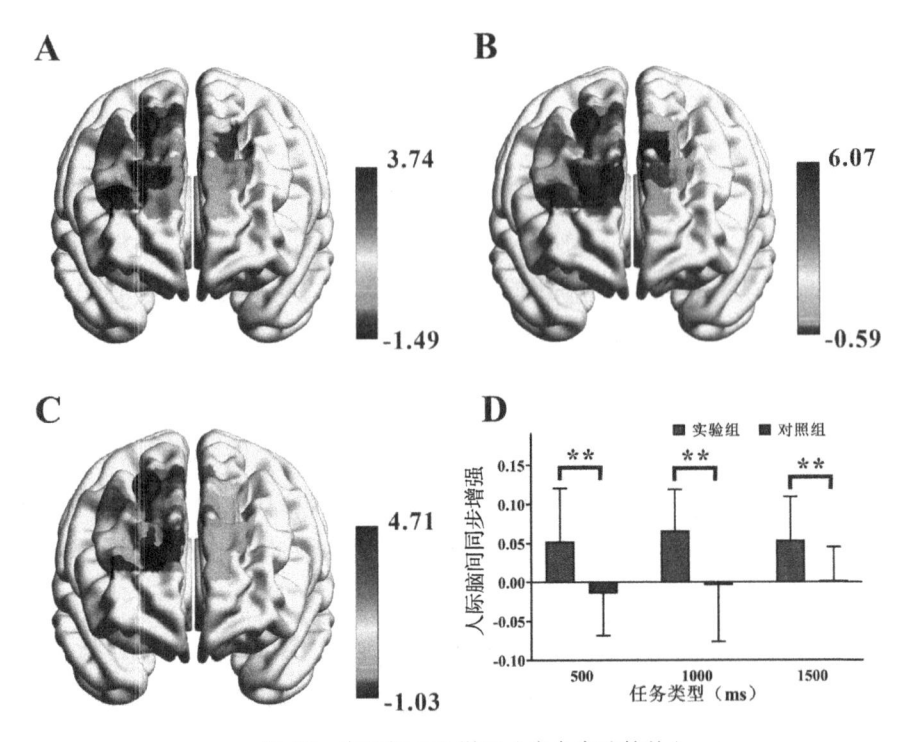

图 43 实验组 IBS 增强（来自实验软件）

注：图43（A、B、C）分别代表500 ms、1000 ms、1500 ms间隔任务各通道IBS增强t值图，黑色圆圈表示2号通道所在位置；D为三种任务中的两组人群的IBS增强，"**"表示$p<0.01$

（三）感觉运动同步与IBS增强的关联

为明确实验组SMS任务的脑间机制，对IBS增强和行为指标进行了Pearson相关分析。结果显示：在1000 ms、1500 ms间隔任务中，IBS增强与平均异步性呈显著负相关（1000 ms，$r=-0.682$，$p<0.01$；1500 ms，$r=-0.697$，$p<0.01$）（见图44），即更高的IBS增强与更好的任务表现相关；在三种任务中，IBS增强与间隔时间稳定性均呈显著负相关（500 ms，$r=-0.472$，$p<0.05$；1000 ms，$r=-0.692$，$p<0.01$；1500 ms，$r=-0.704$，$p<0.01$）（见图45），即更好的稳定能力与更高的IBS增强有关。

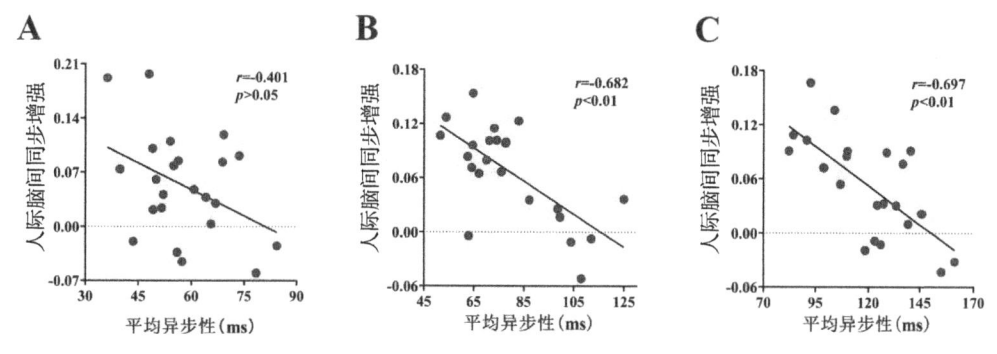

图 44 实验组 IBS 增强与平均异步性散点（来自实验软件）

注：图 44（A、B、C）分别代表 500 ms、1000 ms、1500 ms 间隔任务

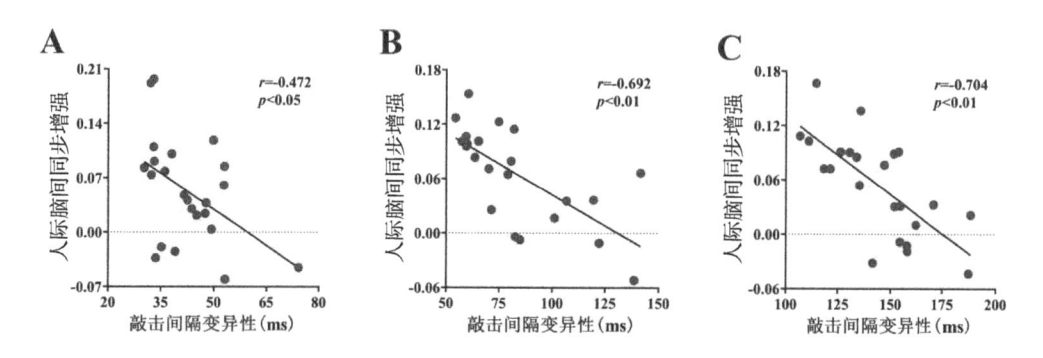

图 45 实验组 IBS 增强与敲击间隔变异性散点（来自实验软件）

注：图 45（A、B、C）分别代表 500 ms、1000 ms、1500 ms 间隔任务

八、讨论

SMS 体现了个体与外界环境的协调交互过程，是一种基本且重要的认知能力。我们根据完成的难易程度将任务分为 500 ms、1000 ms、1500 ms 三种间隔时间，选取平均异步性作为评价任务表现的结果性指标，选取相位校正收益及敲击间隔变异性作为评价任务策略的过程性指标，旨在研究

有氧体能能否对SMS能力产生影响及原因，并使用fNIRS超扫描技术探寻SMS任务过程的脑间机制。结果显示，在人体适宜的节奏条件下，呈现出实验组不存在SMS能力优势，但随着任务难度的提升，优势开始显现并表现出增大的趋势。从SMS的构成因素来看，两组人群的校正能力相似，其任务表现的差异主要在于有氧运动人群有着更稳定的敲击时间间隔。在神经科学层面，我们也发现了实验组在任务中额上回区域表现出了显著增强的IBS，随着任务难度的提升，这种增强与任务表现显著相关；同时，在三种条件下，实验组增强的IBS均与稳定机制显著相关。大量的研究结果已经表明，在个体发展的各个年龄阶段，体力活动与认知能力均存在正相关性，即体力活动高的人群往往伴随着较高水平的认知能力[97]，原因可能与身体活动提高了有氧能力有关[98]。本研究的结果为有氧运动提升认知能力提供了新的证据。

前人的研究显示，人体自发动作节奏的频率约为2 Hz[99]，这一机制影响了注意、时间预期、动作协同等能力[100]，使得人在该频率有着最小的平均异步性，即使专门从事音乐训练的人在此频率下也没有体现出与普通人的差异[101]。但随着任务频率的降低，不同人群的任务表现开始出现差异，如音乐家在800 ms间隔的任务中开始体现出与普通人的差异[102]，老年人在接近1 s间隔（900 ms）的任务中的平均异步性与青年对照组相比明显增大[103]。本研究的结果与前人的行为结果相似，即实验组并未在500 ms间隔的任务中体现出更好的绩效，而是在1000 ms间隔中开始体现，并且随着任务难度的提升，优势呈现出扩大的趋势。

之前的研究认为，相较于稳定机制，校正机制在同步过程中起着更为重要的作用[104]，但本研究显示了不同的结果。由于500 ms间隔的任务可能属于多数人所偏好的节奏，任务难度较低，参与者无须调用很多的认知资源即可较好地完成，两组人群的两项指标均未与任务绩效表现出显著相关性；而在1000 ms、1500 ms两个水平的任务中，尽管两组人群相较于

500 ms间隔任务中有着更多的相位校正收益，却没有与任务表现呈现相关性，而敲击间隔变异性与任务表现高度相关，说明两组人群在完成任务过程中采取了相同的策略，即更多以保持相对稳定的敲击间隔来实现更好的同步。

实验组在三种任务水平均表现出了更好的稳定能力，从而产生了更优的任务表现，对此我们认为有两种可能的解释。第一，大脑的选择性促进假说认为不同的运动方式对于认知改善是有选择性的，有氧运动对于执行控制相关认知能力的改善最为明显[105]。而长时间保持稳定的敲击间隔需要持续的注意资源参与，恰好是执行控制的重要成分，因此，较高的有氧体能可能以改善注意的形式提高了稳定性。第二，多数的有氧活动（如跑步、步行、游泳、蹬车等）属于周期性的运动。运动过程中，运动员需要掌握好动作频率，保持稳定的节奏，从而使体能得到更好的发挥。正如之前的研究发现长期进行周期性运动会提升人的时间知觉[106]，整个运动过程是感知与运动系统交互作用的集中体现，是不断强化稳定节奏这一能力的过程。本研究所选取的人群都是从事长跑运动的人群，因此，更好的稳定能力也可能是在周期性运动中不断强化所形成的。

fNIRS的结果显示，实验组2号通道，即额上回区域出现了显著增强的IBS，而对照组各通道均没有出现显著增强的IBS。之前的研究发现，即使两个人处在无意识地完成同步的过程中，其脑间震荡也会比非同步时明显增强，说明同步任务可能存在特定神经间标记物[107]。有研究发现在同步任务中，额叶区域也表现出了显著增强的IBS，且与任务表现呈正相关[108]。我们的实验组进一步验证了之前的结果，但对照组没有显著性的结果。有研究比较篮球运动员与普通大学生在合作任务中IBS增强的差异，同样仅在运动员组的前额叶皮质出现了显著增强的IBS，同时运动员组的合作意识更强[109]。大量超扫描的研究也发现了前额叶皮质在合作及其他亲社会行为任务中具有的重要作用[110]。对于运动改善认知的meta分析发现，经常从事有氧运动能够增强人的合作、信任等亲社会行为的倾向或表现[111]。在我们的研究中，受试者若要更好地实现同步，两个人需要密切、协调配合。因此，在1000 ms、1500 ms两种条件下，实验组更小的平均异步性及与额上回IBS增强高度相关的原因可能在于实验组更强的协调能力提升了任务表现，且诱发了双方的IBS增强。而在500 ms任务中实验组的平均异步性没有表现出与IBS增强的显著相关，可能由于任务的难度过低，无须更强的协调能力也能很好地完成同步。

我们没有发现实验组的相位校正收益与IBS增强表现出相关性，该结果与前人的观点一致，即相位校正是自动的、无意识的，仅发生在个体内部[112]。那么，实验组更强的协调能力是如何体现的呢？实验组在三种条件下敲击间隔变异性均小于对照组，且与IBS增强表现出了显著相关。根据以往的研究，让自身行为变得可预测是双方协调配合的策略之一[113]，降低自身行为的变化性是使得自己更加可预测的一种方式。之前有研究要求两名受试者完成同时按键或以一定规律相继按键的任务，结果发现，不管在何种任务中，个体在进行双人按键时的反应均比个体单独进行按键时的反应变化性更小，而且个体的行为变化性越小，两人间的协调度越高[114]。因此，我们认为实验组更强的稳定性使得自身的行为变化性更低，为同伴的下一步行为提供了更明显的线索，在这一过程中双方的协调性得到了提升，并诱发了增强的IBS。

（一）行为学表现

在行为学上，我们对8项指标进行了统计分析。其中平均异步性与同步稳定性为结果性指标，也是衡量感觉运动同步能力的终极指标；其余6项指标为过程性指标，其中，平均间隔时间和间隔时间误差反映了时间的精准程度，间隔时间稳定性和内部计时器稳定性反映了把控时间的稳定程度，相位校正系数和周期校正系数反映了同步过程中对同步误差的校正程度。我们的目的是比较两组人群的感觉运动同步的差异，并分析造成这种差异的原因[115-118]。

评价感觉运动同步这一能力的最重要指标无异于平均异步性。之前有研究发现鼓手在800 ms间隔任务中的表现明显好于普通人，证明了对节奏的训练能够提升这一能力。在体育学的研究中，有研究发现了体育舞蹈运动员在200 ms — 500 ms的听觉间隔任务中的表现均显著好于普通大学生[119-122]。但体育舞蹈这一运动同样离不开对节奏的加工，因此还不能证明进行特定的运动能够提升这一能力。本研究对人群施加有氧体能这一变量，发现在1000 ms、1500 ms间隔的任务中，高有氧体能组的表现显著优于低有氧体能组，且随着任务间隔时间的延长，这种差异有增大的趋势。无论是直观经验还是前人的数据，都告诉我们同步任务难度会随着间隔时间的延长而增大[123-128]。说明了尽管有氧体能不会像体育舞蹈能力提升得那么明显，但随着任务难度的增大，这种能力的差异也开始显现并逐渐增大[129-131]。

将平均异步性与6个过程性指标进行相关分析，我们只通过两组数据发现了组间存在差距。首先，在1500 ms间隔任务中，高有氧体能组的平均间隔时间与平均异步性表现出了强正相关，而低有氧体能组未表现出这种相关[132, 133]。以往的研究发现从1000 ms到3500 ms间隔任务中，随着间隔时间的延长，个体平均异步性也会表现出线性上升的趋势。当前结果说明了高有氧体能人群在相对长的间隔任务中组内人群同步能力差异相对不显著，间隔时间能够较稳定地影响同步表现；而低有氧体能组组内人群同步能力差异较大，这种差异在较长间隔的任务中得到了体现，有人在较长间隔的任务中可以取得相对好的同步表现，也有人在较长间隔的任务中表现得很差，导致两变量的相关性无法被测量[134-138]。这一点通过观察平均异步性、同步稳定性的相关结果也可以得到侧面的验证。低有氧体能组在1500 ms任务中的数据结果未表现出相关性，而其他各组数据均表现出了强正相关，说明了在其他的任务中，一种同步能力强的受试者往往另一种能力也强，而在低有氧体能组的1500 ms间隔任务中，组内水平参差不齐，受试者一种能力强，不意味着另一种也强。其次，在500 ms间隔任务中，低有氧体能组的周期校正系数与平均异步性表现出了中等负相关，而高有氧体能组未表现出这种相关。但两组的平均异步性没有显著差异，周期校正代表了同步中有意识进行校正的成分，说明了在500 ms这类短间隔的任务中，可能由于任务过于简单，高有氧体能组不需要有意识地不断校正，就能维持很好的同步，而低有氧体能组维持较好的平均异步性，需要有意识地不断进行校正[139-143]。在1000 ms、1500 ms任务中，由于两组的其余过程性指标与平均异步性相关性结果极为相似，可以认为，两组人群同步表现的内部处理机制相同，相对于精准能力和校正能力，时间的稳定能力对任务表现起着绝对的主导作用[144]。

异步性的稳定性由平均异步性的标准差来计算。在以往的一些研究中，同步表现较差（平均异步性较大）时，就使用这一指标来衡量同步能力，因此这一指标也可用来衡量同步能力[145]。前人研究发现专业音乐家的这一能力优于业余音乐家，而业余音乐家又优于普通人，而在平均异步性上这一指标的人群差异并没有这么显著，说明了这一指标的可塑性更强。对比组间结果，我们发现高有氧体能组在三种间隔中这一能力均优于低有氧体能组。在相关性分析中可以看到，两组人群所有间隔时间稳定性和内部计时器稳定性的数据都与同步稳定性表现出了显著的正相关，而与关于校正和精准的指标基本无相关，说明了在双人同步任务中，把控时间的稳定程度对同步稳定性的表现也起着最重要的作用，两组人群对同步稳定性的处理机制是相同的。但是在1500 ms任务中，低有氧体能组两项指标的相关程度明显低于高有氧体能组，这一结果进一步验证了上述的假设，低有氧体能组的同步能力存在较大的组间差异，在间隔时间较长的任务中得到了体现[146-149]。

之前对于感觉运动同步任务的研究大多停留在人机层面，往往把平均间隔时间作为定量来看待，而在此类任务中间隔时间误差与平均异步性没有本质区别，因此往往忽略了这两个指标[150-155]。而本实验由于使用了双人同步的范式，使得这两个指标可以用来做进一步分析。我们用这两个指标来衡量两组人群对时间精度的把控能力，虽然结果显示这两个指标并没有组间差异，但从组内的对比和相关性分析上，我们发现，这间隔时间误差对人群的影响还是存在一定的差异的。在间隔时间误差这一指标上，低有氧体能组随着间隔任务时间的延长，表现出显著的增大，高有氧体能组则在1000 ms—1500 ms这一范围内保持了相对稳定的趋势[157-164]。说明了在一定范围内，高有氧体能组对于时间精度的把控未受到间隔时间的影响，低有氧体能组则受到了影响，这一结果也支持了前人的假设。前人的研究指出，"运动大脑"可能是支持计时功能的核心，是神经元网络和模态加工的一部分，节奏刺激中可能存在多个内部振荡器按照其固有频率或周期进行层次化组织，这一过程可以帮助个体准确提取节奏周期[165]。但在本研究中，尽管两组人群在时间精度指标上存在一些差异，这种能力却不能使同步任务的表现显著提升。

在双人同步任务中，受试者主观能够控制的唯一条件就是间隔时间，从信息处理理论的角度出发，对间隔时间的更改被称为"校正"，而间隔时间的变化程度被称为"间隔时间稳定性"[166]。因此我们可以看出，校正和稳定是两种相反的机制，校正越多，代表变化越大、越不稳定。Repp[167]指出，尽管间隔时间稳定性这一指标常被提及，但相对于异步性，它是次要的。同时，大量研究也集中于校正的机制。本实验则发现间隔时间稳定性指标对异步性指标（平均异步性、同步稳定性）有着极大的影响，重要程度甚至超过校正这一机制。首先，高有氧体能组在三种间隔任务中明显比低有氧体能组更稳定，高有氧体能组随着间隔时间的上升稳定性下降幅度也小于低有氧体能组[168-170]。相关分析发现，在1000 ms、1500 ms任务中，两组人群的间隔时间稳定性与平均异步性表现出强正相关，且随着间隔任务时间的延长，相关性有增大的趋势。这一结果说明了在间隔时间较长的任务中，主要依靠间隔时间稳定性来维持较小的平均异步性；而在间隔时间相对短的任务中，由于任务较简单，稳定性的作用可能被掩盖，这也与前人的观点近似（因为Repp[171]的研究大多在800 ms以下）。比较同步稳定性的结果及与间隔时间稳定性的相关也可得知，间隔时间稳定性对同步稳定性起主导作用。基于两组人群的相关结果相似，我们认为在长时间间隔任务中，两组人群两种同步能力的内部机制相同，造成差异的重要原因在于间隔时间稳定性的能力的差异。

中枢下达的运动指令到达骨骼肌会有延迟，导致了神经中枢对间隔时间的感觉会与实际间隔时间有差异，这种感觉和延迟构成了间隔时间。内部计时器描述的就是这种中枢感觉的时间，而内部计时器稳定性用来描述这种中枢感觉的时间的变化程度[172]。如果没有特殊疾病，骨骼肌的延迟变化非常小，尽管内部计时器稳定性与间隔时间稳定性计算方法不同（内部计时器稳定性以内部计时器方差计算，间隔时间稳定性以间隔时间标准差计算），两者描述的范畴较为近似[173]。本研究中这一能力的组间结果及相关性也与间隔时间稳定性的结果基本一致，也可以进一步验证双人同步任务中稳定能力的重要性。

之前大量研究强调了校正在同步任务中的作用，但本研究得出了与前人不一致的结果。第一，两组人群在各个任务中的校正能力均无显著差异，两组人群的同步能力却存在差异，这就说明了在双人同步任务中校正机制不是决定同步能力的重要因素；第二，只有低有氧体能组在500 ms间隔的任务中周期校正系数与平均异步性存在相关性，说明了校正机制可能只在较短的间隔任务中对同步能力较弱人群的同步表现起到一定的补偿作用，而同步能力较强的群体并不需要依靠这种能力来维持同步表现[174, 175]。

因此我们认为，在双人同步任务中，有氧体能对校正能力无显著影响，校正机制对同步能力的影响也不显著。

（二）结合脑间表现的讨论

本实验发现在三种实验条件下高有氧体能组的右侧额上回出现显著的脑间同步，低有氧体能组则未出现。

反应抑制属于执行功能的一种，它的一项能力是有机体对某个刺激因反应次数增多而反应强度减弱。巴克利在一项实验中要求注意力缺陷多动障碍（ADHD）青少年与对照组观看电脑屏幕，屏幕每秒会闪过一个数字。每当数字"1"出现后，下一个数字为"9"时，都需要按键。结果ADHD青少年在这类枯燥任务中错误率明显高于对照组，但加入分心刺激后，如在原来数字位置的左、右都闪烁其他引人分心的数字，两组人群无显著差异。说明反应抑制能力在相对枯燥、简单的任务中表现出的人群差异可能比在相对复杂、困难的任务中更大。笔者在关于反应抑制的研究中发现，对老年人进行10分钟的有氧运动干预就会促进其行为表现。后续的研究则进一步发现高有氧体能人群的行为表现也优于低有氧体能人群[176]。这就说明了无论是急性有氧运动还是长期有氧运动，都会提升反应抑制能力。在本实验中，由于受试者需要进行大量重复的敲手指任务，缺少额外强化，使得任务较为枯燥，受试者注意力降低，反应强度减弱。提高有氧体能的一个重要途径就是大量重复有节奏性质的枯燥、简单的身体练习（如跑步）。我们认为这类练习使得高有氧体能组在完成同样性质的敲手指练习时抵御掉了反应抑制的不良影响，使得神经较好地集中于任务中；而低有氧体能组的反应抑制能力较弱，在任务中神经活性降低，注意分散，不能充分集中注意力于任务或完成任务的策略上[177]。因此，尽管两组人群都依靠间隔时间稳定性来完成任务，但高有氧体能组的反应抑制能力强于低有氧体能组，在枯燥、简单的任务中表现出更高的神经活性，进而产生更好的任务表现。

将高有氧体能组的脑间同步与行为学表现进行相关分析发现，在平均异步性和同步稳定性两项指标上，脑间同步水平均在1000 ms、1500 ms

间隔任务中表现出了显著的负相关。说明在间隔较长的同步任务中，脑间同步水平能够影响同步表现。而它们在 500 ms 间隔任务中均无显著相关。这也验证了上文提到的假设，可能由于 500 ms 间隔任务过于简单，受试者动用非认知成分的机制就可以较好地完成任务。在脑间同步与平均间隔时间的相关性分析结果上，高有氧体能组在 1500 ms 间隔任务中表现出了显著的负相关。说明在双人同步任务中，在一定范围内，间隔时间不会影响脑间同步，而随着任务间隔时间的延长，脑间同步会表现出下降趋势。在校正机制的两项指标中，各项指标均与脑间同步无显著相关。这一结果说明两种校正机制都存在于个体脑内水平，不涉及双方脑间水平。

通过对额上回进行研究，发现它参与大量的认知功能，如反应抑制、合作、动作学习、自我预期、心智理论、疼痛预期等。在社会互动研究中，崔旭要求受试者完成合作敲手指任务，让受试者看到信号灯亮后尽可能同时按键。受试者还可以根据对结果的反馈信息调整自身下次按键的时机，以获得最佳同步。结果发现右侧额上回区域出现脑间同步，并且同步水平与任务表现正相关，但在竞争任务和单人任务中未产生类似结果，由此说明额上回在人际合作中具有一定的作用。

对合作行为的研究发现，让自身的行为变得可预测是合作行为的策略之一，而提高自身行为可预测性的策略之一就是降低自身行为的变化性。在本研究中，尽管高有氧体能组右侧额上回的脑间同步水平未随着间隔时间的增加而提高，但对脑间同步在三种任务水平的间隔时间稳定性及内部计时器稳定性进行相关分析发现，均存在显著负相关，即敲击间隔越稳定，脑间同步水平越高，且随着任务间隔时间的延长，这种相关性有增大的趋势。这就说明了在双人感觉运动同步任务中，双方通过稳定自己敲击间隔的时间，自身行为变得可以预测，从而产生合作行为，引发额上回的脑间同步[178]。结合平均异步性与同步稳定性的相关性结果会发现，随着任务难度的增加（间隔时间的增加），在任务中的合作行为对任务表现产生的正向影响也会随之增加[179, 180]。

总的来说，我们认为，受试者在任务中表现出的脑间同步是保持稳定的敲击间隔引发的合作带来的。但由于任务过程枯燥，其间可能出现反应抑制，导致神经活性下降，影响脑间同步表现，进而导致敲击稳定性下降。但是有氧体能能够提高反应抑制能力，使任务过程中神经活性保持一定的强度，提高敲击稳定性表现，最终提高同步表现。

九、结论

高有氧体能水平人群在秒级任务中表现出了较好的SMS能力。有氧体能之所以可引起SMS能力的改善，是因为高有氧体能人群以更出色的稳定能力来实现更好的协调行为，并诱发了右侧额上回区域显著增强的IBS。

十、参考文献

[1]Jones A M, Carter H.The Effect of Endurance Training on Parameters of Aerobic Fitness[J]. Sports Medicine, 2000, 29(6): 373–386.

[2]Hillman C H, Weiss E P, Hagberg J M, et al.The Relationship of Age and Cardiovascular Fitness to Cognitive and Motor Processes[J]. Psychophysiology, 2010, 39(3): 303–312.

[3]Repp B H.Sensorimotor Synchronization: A Review of the Tapping Literature[J]. Psychonomic Bulletin&Review, 2005, 12(6): 969–992.

[4]Libkuman T M, Otani H, Steger N.Training in Timing Improves Accuracy in Golf[J]. The Journal of General Psychology, 2002, 129(1): 77–96.

[5]Sommer M, Häger C, Rönnqvist L.Synchronized Metronome Training

Induces Changes in the Kinematic Properties of the Golf Swing[J]. Sports Biomechanics, 2014, 13(1): 1-16.

[6]Ruina, Dai, Ran, et al.Holistic Cognitive and Neural Processes: A fNIRS-hyperscanning Study on Interpersonal Sensorimotor Synchronization[J]. Social Cognitive&Affective Neuroscience, 2018.

[7]Van U N R, Lamoth C J C, Daffertshofer A, et al.Characteristics of Instructed and Uninstructed Interpersonal Coordination while Walking Side-by-side[J]. Neuroscience letters, 2008, 432(2): 88-93.

[8]Keller P E, Appel M.Individual Differences, Auditory Imagery, and the Coordination of Body Movements and Sounds in Musical Ensembles[J]. Music Perception, 2010, 28(1): 27-46.

[9]Wing A M, Woodburn C.The Coordination and Consistency of Rowers in A Racing Eight[J]. Journal of Sports Sciences, 1995, 13(3): 187-197.

[10]Hasson U, Ghazanfar A A, Galantucci B, et al.Brain-to-brain Coupling: A Mechanism for Creating and Sharing A Social World[J]. Trends in Cognitive Sciences, 2012, 16(2): 114-121.

[11]Cohen E, Mundry R, Kirschner S.Religion, Synchrony, and Cooperation[J]. Religion, Brain&Behavior, 2014, 4(1): 20-30.

[12]Valdesolo P, Ouyang J, DeSteno D.The Rhythm of Joint Action: Synchrony Promotes Cooperative Ability[J]. Journal of Experimental Social Psychology, 2010, 46(4): 693-695.

[13]Merker B H, Madison G S, Eckerdal P.On the Role and Origin of Isochrony in Human Rhythmic Entrainment[J]. Cortex, 2009, 45(1): 4-17.

[14]Van Noorden L, De Bruyn L.The Development of Synchronization Skills of Children 3 to 11 Years Old//Proceedings of ESCOM — 7th Triennial Conference of the European Society for the Cognitive Sciences of Music.

Finland: University of Jyväskylä, 2009.

[15]McAuley, J D, Jones, M R, Holub, S, Johnston, H M, Miller, N S. The Time of Our Lives: Life Span Development of Timing and Event Tracking[J]. Journal of Experimental Psychology: General, 135(3), 348.

[16]Repp B H, Su Y H.Sensorimotor Synchronization: A Review of Recent Research(2006–2012)[J]. Psychonomic Bulletin&Review, 2013, 20(3): 403–452.

[17]Sommer M, Häger C K, Boraxbekk C J, et al.Timing Training in Female Soccer Players: Effects on Skilled Movement Performance and Brain Responses[J]. Frontiers in Human Neuroscience, 2018, 12: 311.

[18]Libkuman T M, Otani H, Steger N.Training in Timing Improves Accuracy in Golf[J]. The Journal of General Psychology, 2002, 129(1): 77–96.

[19]Sommer M, Häger C, Rönnqvist L.Synchronized Metronome Training Induces Changes in the Kinematic Properties of the Golf Swing[J]. Sports Biomechanics, 2014, 13(1): 1–16.

[20]Sommer M, Häger C K, Boraxbekk C J, et al.Timing Training in Female Soccer Players: Effects on Skilled Movement Performance and Brain Responses[J]. Frontiers in Human Neuroscience, 2018, 12: 311.

[21]Kelso J A S, Scholz J P, Schöner G.Nonequilibrium Phase Transitions in Coordinated Biological Motion: Critical Fluctuations[J]. Physics Letters A, 1986, 118(6): 279–284.

[22]Brown S W.Attentional Resources in Timing: Interference Effects in Concurrent Temporal and Nontemporal Working Memory Tasks[J]. Perception&Psychophysics, 1997, 59(7): 1118–1140.

[23]Brown S W.Time Perception and Attention: the Effects of Prospective Versus Retrospective Paradigms and Task Demands on Perceived Duration[J].

Perception&Psychophysics, 1985, 38(2): 115-124.

[24]Zakay D.Subjective Time and Attentional Resource Allocation: An Integrated Model of Time Estimation//Advances in Psychology.North-Holland, 1989, 59: 365-397.

[25]Zakay D, Block R A.An Attentional-gate Model of Prospective Time Estimation[J]. Time and the Dynamic Control of Behavior, 1995, 5: 167-178.

[26]Karampela O, Madison G, Holm L.Motor Timing Training Improves Sustained Attention Performance But Not Fluid Intelligence: Near But Not Far Transfer[J]. Experimental Brain Research, 2020, 238(4): 1051.

[27]D'Andrea-Penna G M, Iversen J R, Chiba A A, et al.One Tap at A Time: Correlating Sensorimotor Synchronization with Brain Signatures of Temporal Processing[J]. Cerebral Cortex Communications, 2020, 1(1): tgaa036.

[28]Vorberg D, Schulze H H.Linear Phase-correction in Synchronization: Predictions, Parameter Estimation, and Simulations[J]. Journal of Mathematical Psychology, 2002, 46(1): 56-87.

[29]Wing A M, Kristofferson A B.Response Delays and the Timing of Discrete Motor Responses[J]. Perception&Psychophysics, 1973, 14(1): 5-12.

[30]Mates J.A Model of Synchronization of Motor Acts to A Stimulus Sequence[J]. Biological Cybernetics, 1994, 70(5): 463-473.

[31]Vorberg D, Wing A Modeling Variabilityand Dependence in Timing//Handbook of Perception and Action. Academic Press, 1996, 2: 181-262.

[32]Semjen A, Vorberg D, Schulze H H.Getting Synchronized with the Metronome: Comparisons between Phase and Period Correction[J]. Psychological Research, 1998, 61(1): 44-55.

[33]Repp B H, Keller P E.Sensorimotor Synchronization with Adaptively Timed Sequences[J]. Human Movement Science, 2008, 27(3): 423-456.

[34]Repp B H.Phase Correction, Phase Resetting, and Phase Shifts after Subliminal Timing Perturbations in Sensorimotor Synchronization[J]. Journal of Experimental Psychology: Human Perception and Performance, 2001, 27(3): 600.

[35]Repp B H.Automaticity and Voluntary Control of Phase Correction Following Event Onset Shifts in Sensorimotor Synchronization[J]. Journal of Experimental Psychology: Human Perception and Performance, 2002, 28(2): 410.

[36]Takano K, Miyake Y.Two Types of Phase Correction Mechanism Involved in Synchronized Tapping[J]. Neuroscience Letters, 2007, 417(2): 196–200.

[37]Repp B H, Keller P E.Adaptation to Tempo Changes in Sensorimotor Synchronization: Effects of Intention, Attention and Awareness[J]. Quarterly Journal of Experimental Psychology Section A, 2004, 57(3): 499–521.

[38]Repp B H.Processes Underlying Adaptation to Tempo Changes in Sensorimotor Synchronization[J]. Human Movement Science, 2001, 20(3): 277–312.

[39]Repp B H, Keller P E.Adaptation to Tempo Changes in Sensorimotor Synchronization: Effects of Intention, Attention and Awareness[J]. Quarterly Journal of Experimental Psychology Section A, 2004, 57(3): 499–521.

[40]Fairhurst M T, Janata P, Keller P E.Being and Feeling in Sync with An Adaptive Virtual Partner: Brain Mechanisms Underlying Dynamic Cooperativity[J]. Cerebral Cortex, 2013, 23(11): 2592–2600.

[41]Repp B H, Keller P E, Jacoby N.Quantifying Phase Correction in Sensorimotor Synchronization: Empirical Comparison of Three Paradigms[J]. Acta Psychologica, 2012, 139(2): 281–290.

[42]Vorberg D, Schulze H H.A Two-level Timing Model for Synchronization[J]. Journal of Mathematical Psychology, 2002, 46: 56-87.

[43]Jacoby N, Tishby N, Repp B H, et al.Parameter Estimation of Linear Sensorimotor Synchronization Models: Phase Correction, Period Correction and Ensemble Synchronization[J]. Timing&Time Perception, 2015, 3(1-2): 52-87.

[44]Witt S T, Laird A R, Meyerand M E.Functional Neuroimaging Correlates of Finger-tapping Task Variations: An ALE Meta-analysis[J]. Neuroimage, 2008, 42(1): 343-356.

[45]Buhusi C V, Meck W H.What Makes Us Tick?Functional and Neural Mechanisms of Interval Timing[J]. Nature Reviews Neuroscience, 2005, 6(10): 755-765.

[46]Lewis P A, Miall R C.Distinct Systems for Automatic and Cognitively Controlled Time Measurement: Evidence from Neuroimaging[J]. Current Opinion in Neurobiology, 2003, 13(2): 250-255.

[47]Shih L Y L, Kuo W J, Yeh T C, et al.Common Neural Mechanisms for Explicit Timing in the Sub-second Range[J]. Neuroreport, 2009, 20(10): 897-901.

[48]Grahn J A, Brett M.Impairment of Beat-based Rhythm Discrimination in Parkinson's Disease[J]. Cortex, 2009, 45(1): 54-61.

[49]Jaencke L.The Dynamic Audio-motor System in Pianists[J]. Ann N Y Acad, 2012, 1252: 246-252.

[50] Bengtsson S L, F Ullén, Ehrsson H H, et al.Listening to Rhythms Activates Motor and Premotor Cortices[J]. Cortex, 2008, 45(1): 62-71.

[51]Spencer R, Verstynen T, Brett M, et al.Cerebellar Activation during Discrete and Not Continuous Timed Movements: An Fmri Study[J].

NeuroImage, 2007, 36(2): 378–387.

[52]Stoodley C J, Schmahmann J D.Functional Topography in the Human Cerebellum: A Meta-analysis of Neuroimaging Studies[J]. Neuroimage, 2009, 44(2): 489–501.

[53]Pollok B, Südmeyer M, Gross J, et al.The Oscillatory Network of Simple Repetitive Bimanual Movements[J]. Cognitive Brain Research, 2005, 25(1): 300–311.

[54]Stavrinou M L, Moraru L, Cimponeriu L, et al.Evaluation of Cortical Connectivity during Real and Imagined Rhythmic Finger Tapping[J]. Brain Topography, 2007, 19(3): 137–145.

[55]Bijsterbosch J D, Lee K H, Dyson-Sutton W, et al.Continuous Theta Burst Stimulation over the Left Pre-motor Cortex Affects Sensorimotor Timing Accuracy and Supraliminal Error Correction[J]. Brain Research, 2011, 1410: 101–111.

[56]Bijsterbosch J D, Lee K H, Hunter M D, et al.The Role of the Cerebellum in Sub-and Supraliminal Error Correction during Sensorimotor Synchronization: Evidence from Fmri and TMS[J]. Journal of Cognitive Neuroscience, 2011, 23(5): 1100–1112.

[57]Fairhurst M T, Janata P, Keller P E.Being and Feeling in Sync with An Adaptive Virtual Partner: Brain Mechanisms Underlying Dynamic Cooperativity[J]. Cerebral Cortex, 2013, 23(11): 2592–2600.

[58]Praamstra P, Turgeon M, Hesse C W, et al.Neurophysiological Correlates of Error Correction in Sensorimotor-synchronization[J]. Neuroimage, 2003, 20(2): 1283–1297.

[59]Hasson U, Ghazanfar A A, Galantucci B, et al.Brain-to-brain Coupling: A Mechanism for Creating and Sharing A Social World[J]. Trends in

Cognitive Sciences, 2012, 16(2): 114-121.

[60]Schilbach L, Timmermans B, Reddy V, et al.Toward A Second-person Neuroscience 1[J]. Behavioral and Brain Sciences, 2013, 36(4): 393-414.

[61]Scholkmann F, Holper L, Wolf U, et al.A New Methodical Approach in Neuroscience: Assessing Inter-personal Brain Coupling Using Functional Near-infrared Imaging(Fniri) Hyperscanning[J]. Frontiers in Human Neuroscience, 2013, 7: 813.

[62]Montague P R, Berns G S, Cohen J D, et al.Hyperscanning: Simultaneous Fmri during Linked Social Interactions[J]. 2002.

[63]Melnik A, Legkov P, Izdebski K, et al.Systems, Subjects, Sessions: to What Extent Do These Factors Influence EEG Data?[J]. Frontiers in Human Neuroscience, 2017, 11: 150.

[64]Michel C M, Brunet D.EEG Source Imaging: A Practical Review of the Analysis Steps[J]. Frontiers in Neurology, 2019, 10: 325.

[65]Montague P R, Berns G S, Cohen J D, et al.Hyperscanning: Simultaneous Fmri during Linked Social Interactions[J]. 2002.

[66]Wang M Y, Luan P, Zhang J, et al.Concurrent Mapping of Brain Activation from Multiple Subjects during Social Interaction by Hyperscanning: A Mini-review[J]. Quantitative Imaging in Medicine and Surgery, 2018, 8(8): 819.

[67]Czeszumski A, Eustergerling S, Lang A, et al.Hyperscanning: A Valid Method to Study Neural Inter-brain Underpinnings of Social Interaction[J]. Frontiers in Human Neuroscience, 2020, 14: 39.

[68]李先春，卑力添，袁涤，丁雅娜，冯丹阳.超扫描视角下的社会互动脑机制[J].心理科学，2018，41（06）：206-213.

[69]Dumas G, Nadel J, Soussignan R, et al.Inter-brain Synchronization

during Social Interaction[J]. PlOS ONE, 2010, 5(8): e12166.

[70]Zhdanov A, Nurminen J, Baess P, et al.An Internet-based Real-time Audiovisual Link Dor Dual MEG Recordings[J]. PlOS ONE, 2015, 10(6): e0128485.

[71]Mu Y, Guo C, Han S.Oxytocin Enhances Inter-brain Synchrony during Social Coordination in Male Adults[J]. Social Cognitive and Affective Neuroscience, 2016, 11(12): 1882-1893.

[72]Hu Y, Li X, et al.Brain-to-brain Synchronization Across Two Persons Predicts Mutual Prosociality[J]. Social Cognitive and Affective Neuroscience, 2017, 12(12): 1835-1844.

[73]Pan Y, Cheng X, Zhang Z, et al.Cooperation in Lovers: An fNIRS-based Hyperscanning Study[J]. Human Brain Mapping, 2017, 38(2): 831-841.

[74]Yun K, Watanabe K, Shimojo S.Interpersonal Body and Neural Synchronization as A Marker of Implicit Social Interaction[J]. Scientific Reports, 2012, 2(1): 1-8.

[75]Lindenberger U, Li S C, Gruber W, et al.Brains Swinging in Concert: Cortical Phase Synchronization while Playing Guitar[J]. BMC Neuroscience, 2009, 10(1): 1-12.

[76]Osaka N, Minamoto T, Yaoi K, et al.How Two Brains Make One Synchronized Mind in the Inferior Frontal Cortex: fNIRS-based Hyperscanning during Cooperative Singing[J]. Frontiers in Psychology, 2015, 6: 1811.

[77]Balardin J B, Zimeo Morais G A, Furucho R A, et al.Imaging Brain Function with Functional Near-infrared Spectroscopy in Unconstrained Environments[J]. Frontiers in Human Neuroscience, 2017, 11: 258.

[78]Duan L, Dai R, Xiao X, et al.Cluster Imaging of Multi-brain Networks(CIMBN): A General Framework for Hyperscanning and Modeling A

Group of Interacting Brains[J]. Frontiers in Neuroscience, 2015, 9: 267.

[79]Jiang J, Dai B, Peng D, et al.Neural Synchronization during Face-to-face Communication[J]. Journal of Neuroscience, 2012, 32(45): 16064-16069.

[80]Spiegelhalder K, Ohlendorf S, Regen W, et al.Interindividual Synchronization of Brain Activity during Live Verbal Communication[J]. Behavioural Brain Research, 2014, 258: 75-79.

[81]Hirsch J, Adam Noah J, Zhang X, et al.A Cross-brain Neural Mechanism for Human-to-human Verbal Communication[J]. Social Cognitive and Affective Neuroscience, 2018, 13(9): 907-920.

[82]Schippers M B, Roebroeck A, Renken R, et al.Mapping the Information Flow from One Brain to Another during Gestural Communication[J]. Proceedings of the National Academy of Sciences, 2010, 107(20): 9388-9393.

[83]Anders S, Heinzle J, Weiskopf N, et al.Flow of Affective Information between Communicating Brains[J]. Neuroimage, 2011, 54(1): 439-446.

[84]Cavallo A, Lungu O, Becchio C, et al.When Gaze Opens the Channel for Communication: Integrative Role of IFG and MPFC[J]. NeuroImage, 2015, 119: 63-69.

[85]Stolk A, Noordzij M L, Verhagen L, et al.Cerebral Coherence between Communicators Marks the Emergence of Meaning[J]. Proceedings of the National Academy of Sciences, 2014, 111(51): 18183-18188.

[86]Jiang J, Chen C, Dai B, et al.Leader Emergence through Interpersonal Neural Synchronization[J]. Proceedings of the National Academy of Sciences, 2015, 112(14): 4274-4279.

[87]Lu K, Qiao X, Hao N Praising or Keeping Silent on Partner's Ideas: Leading Brainstorming in Particular Ways[J]. Neuropsychologia, 2019, 124:

19–30.

[88]Dikker S, Wan L, Davidesco I, et al.Brain-to-brain Synchrony Tracks Real-world Dynamic Group Interactions in the Classroom[J]. Current Biology, 2017, 27(9): 1375-1380.

[89]Tadić B, Andjelković M, Boshkoska B M, et al.Algebraic Topology of Multi-brain Connectivity Networks Reveals Dissimilarity in Functional Patterns during Spoken Communications[J]. PLOS ONE, 2016, 11(11): e0166787.

[90]Cui X, Bryant D M, Reiss A L.fNIRS-based Hyperscanning Reveals Increased Interpersonal Coherence in Superior Frontal Cortex during Cooperation[J]. Neuroimage, 2012, 59(3): 2430-2437.

[91]Cheng X, Li X, Hu Y.Synchronous Brain Activity during Cooperative Exchange Depends on Gender of Partner: A Fnirs-based Hyperscanning Study[J]. Human Brain Mapping, 2015, 36(6): 2039-2048.

[92]Baker J M, Liu N, Cui X, et al.Sex Differences in Neural and Behavioral Signatures of Cooperation Revealed by fNIRS Hyperscanning[J]. Scientific Reports, 2016, 6(1): 1-11.

[93]Pan Y, Cheng X, Zhang Z, et al.Cooperation in Lovers: An fNIRS-based Hyperscanning Study[J]. Human Brain Mapping, 2017, 38(2): 831-841.

[94]De Vico Fallani F, Nicosia V, Sinatra R, et al.Defecting or Not Defecting: How to "Read" Human Behavior during Cooperative Games by EEG Measurements[J]. PLOS ONE, 2010, 5(12): e14187.

[95]Zhang M, Liu T, Pelowski M, et al.Gender Difference in Spontaneous Deception: A Hyperscanning Study Using Functional Near-infrared Spectroscopy[J]. Scientific Reports, 2017, 7(1): 1-13.

[96]夏海硕，丁晴雯，庄岩，陈安涛.体育锻炼促进认知功能的脑机

制[J]. 心理科学进展，2018，26（10）：1857-1868.

[97]Fernandes J, Arida R M, Gomez-Pinilla F.Physical Exercise as An Epigenetic Modulator of Brain Plasticity and Cognition[J]. Neuroscience&Biobehavioral Reviews, 2017, 80: 443-456.

[98]Lista I, Sorrentino G.Biological Mechanisms of Physical Activity in Preventing Cognitive Decline[J]. Cellular and Molecular Neurobiology, 2010, 30(4): 493-503.

[99]Rich B, Scadeng M, Yamaguchi M, et al.Skeletal Myofiber Vascular Endothelial Growth Factor is Required for the Exercise Training-induced Increase in Dentate Gyrus Neuronal Precursor Cells[J]. The Journal of Physiology, 2017, 595(17): 5931-5943.

[100]Miranda M, Morici J F, Zanoni M B, et al.Brain-derived Neurotrophic Factor: A Key Molecule for Memory in the Healthy and the Pathological Brain[J]. Frontiers in Cellular Neuroscience, 2019, 13: 363.

[101]Lu B, Nagappan G, Guan X, et al.BDNF-based Synaptic Repair as A Disease-modifying Strategy for Neurodegenerative Diseases[J]. Nature Reviews Neuroscience, 2013, 14(6): 401-416.

[102]Lu B, Nagappan G, Lu Y.BDNF and Synaptic Plasticity, Cognitive Function, and Dysfunction[J]. Neurotrophic Factors, 2014: 223-250.

[103]Kim K, Sung Y H, Seo J H, et al.Effects of Treadmill Exercise-intensity on Short-term Memory in the Rats Born of the Lipopolysaccharide-exposed Maternal Rats[J]. Journal of Exercise Rehabilitation, 2015, 11(6): 296.

[104]Szuhany K L, Bugatti M, Otto M W.A Meta-analytic Review of the Effects of Exercise on Brain-derived Neurotrophic Factor[J]. Journal of Psychiatric Research, 2015, 60: 56-64.

[105]Rasmussen P, Brassard P, Adser H, et al.Evidence for A Release

of Brain-derived Neurotrophic Factor from the Brain during Exercise[J]. Experimental Physiology, 2009, 94(10): 1062-1069.

[106]Cotman C W.Exercise and Time-dependent Benefits to Learning and Memory[J]. Neuroscience, 2010, 167(3): 588-597.

[107]Pedersen B K, Febbraio M A.Muscles, Exercise and Obesity: Skeletal Muscle as A Secretory Organ [J]. Nature Reviews Endocrinology, 2012, 8(8): 457.

[108]Huh J Y, Panagiotou G, Mougios V, et al.FNDC5 and Irisin in Humans: I.Predictors of Circulating Concentrations in Serum and Plasma. II.Mrna Expression and Circulating Concentrations in Response to Weight Loss and Exercise[J]. Metabolism-clinical&Experimental, 2012, 61(12): 1725-1738.

[109]Lecker S H, Zavin A, Cao P, et al.Expression of the Irisin Precursor FNDC5 in Skeletal Muscle Correlates with Aerobic Exercise Performance in Patients with Heart Failure[J]. Circulation Heart Failure, 2012, 5(6): 812.

[110]A PGC-α-dependent Myokine That Drives Brown-fat-like Development of white Fat and Thermogenesis[J]. Nature, 2012, 481(7382): 463-468.

[111]M S, Hashemi and K, Ghaedi and A, Salamian and K, Karbalaie and M, Emadi-Baygi and S, Tanhaei and M H, Nasr-Esfahani and H, Baharvand. Fndc5 Knockdown Significantly Decreased Neural Differentiation Rate of Mouse Embryonic Stem Cells[J]. Neuroscience, 2013.

[112]Szuhany K L, Bugatti M, Otto M W.A Meta-analytic Review of the Effects of Exercise on Brain-derived Neurotrophic Factor[J]. Journal of Psychiatric Research, 2015, 60: 56-64.

[113]Wrann C D, White J P, Salogiannnis J, et al.Exercise Induces

Hippocampal BDNF through A PGC-1A/FNDC5 Pathway[J]. Cell Metabolism, 2013, 18(5): 649-659.

[114]Lourenco M V, Frozza R L, Freitas G D, et al.Exercise-linked FNDC5/Irisin Rescues Synaptic Plasticity and Memory Defects in Alzheimer's Models[J]. Nature Medicine, 2019, 25(1): 165-175.

[115]Green H J, Hughson R L.Anaerobic Threshold: Review of the Concept and Directions for Future Research[J]. Med Sci Sports Exerc, 1985, 17(5): 6-21.

[116]Yang J, Ruchti E, Petit J M, et al.Lactate Promotes Plasticity Gene Expression by Potentiating NMDA Signaling in Neurons[J]. Proc Natl Acad Sci U S A, 2014, 111(33): 12228-12233.

[117]Lundquist A J, Gallagher T J, Petzinger G M, et al.Exogenous l-lactate Promotes Astrocyte Plasticity But is Not Sufficient for Enhancing Striatal Synaptogenesis or Motor Behavior in Mice[J]. Journal of Neuroscience Research, 2021.

[118]Schiffer T, Schulte S, Sperlich B, et al.Lactate Infusion at Rest Increases BDNF Blood Concentration in Humans[J]. Neuroence Letters, 2011, 488(3): 234-237.

[119]Buttle D J, Mort J S.Cathepsin B.1997.

[120]Norheim F, Raastad T, Thiede B, et al.Proteomic Identification of Secreted Proteins from Human Skeletal Muscle Cells and Expression in Response to Strength Training[J]. American Journal of Physiology Endocrinology&Metabolism, 2011, 301(5): E1013.

[121]Moon H Y, Becke A, Berron D, et al.Running-induced Systemic Cathepsin B Secretion is Associated with Memory Function[J]. Cell Metabolism, 2016, 24(2).

[122]Moon H Y, Becke A, Berron D, et al.Running-induced Systemic Cathepsin B Secretion is Associated with Memory Function[J]. Cell Metabolism, 2016, 24(2).

[123]Bryleva E Y, Brundin L.Kynurenine Pathway Metabolites and Suicidality[J]. Neuropharmacology, 2017, 112: 324-330.

[124]Stone T W, Forrest C M, Darlington L G.Kynurenine Pathway Inhibition as A Therapeutic Strategy for Neuroprotection[J]. The FEBS Journal, 2012, 279(8): 1386-1397.

[125]Agudelo L Z, Femenía T, Orhan F, et al.Skeletal Muscle PGC-1 A 1 Modulates Kynurenine Metabolism and Mediates Resilience to Stress-induced Depression[J]. Cell, 2014, 159(1): 33-45.

[126]Sleiman S F, Henry J, Al-Haddad R, et al.Exercise Promotes the Expression of Brain Derived Neurotrophic Factor (BDNF) through the Action of the Ketone Body β -hydroxybutyrate[J]. Elife, 2016, 5: e15092.

[127]Reger M A, Henderson S T, Hale C, et al.Effects of β -hydroxybutyrate on Cognition in Memory-impaired Adults[J]. Neurobiology of Aging, 2004, 25(3): 311-314.

[128]Lim S, Chesser A S, Grima J C, et al.D-beta-hydroxybutyrate is Protective in Mouse Models of Huntington's Disease.2011.

[129]Norwitz N G, Hu M T, Clarke K.The Mechanisms by Which the Ketone Body D- β -hydroxybutyrate May Improve the Multiple Cellular Pathologies of Parkinson's Disease[J]. Frontiers in Nutrition, 2019, 6.

[130]Mitchell G A, Kassovska-Bratinova S, Boukaftane Y, et al.Medical Aspects of Ketone Body Metabolism [J]. Clinical and Investigative Medicine. MÉDecine Clinique Et Experimentale, 1995, 18(3): 193-216.

[131]Koeslag J H, et al.Post-exercise Ketosis[J]. Journal of Physiology,

1980.

[132]Schiler H J, Klarlund P B, Xu G, et al.Exercise-induced Secretion of FGF21 and Follistatin are Blocked by Pancreatic Clamp and Impaired in Type 2 Diabetes[J]. J Clin Endocrinol Metab, 2016(7): 2816-2825.

[133]Sa-Nguanmoo P, Tanajak P, Kerdphoo S, et al.FGF21 Improves Cognition by Restored Synaptic Plasticity, Dendritic Spine Density, Brain Mitochondrial Function and Cell Apoptosis in Obese-insulin Resistant Male Rats[J]. Hormones&Behavior, 2016, 85: 86-95.

[134]Sjogren K, Liu J L, Skrtic S.Liver-derived Insulin-like Growth Factor I (IGF-I) is the Principal Source of IGF-I in Blood But is Not Required for Postnatal Body Growth in Mice[J]. Proceedings of the National Academy of Sciences of the United States of America, 1999, 96(12): 7088-7092.

[135]Hawley J A.Microbiota and Muscle Highway — Two Way Traffic[J]. Nature Reviews Endocrinology, 2020.

[136]Kelly J R, Borre Y, Brien C O, et al.Transferring the Blues: Depression-associated Gut Microbiota Induces Neurobehavioural Changes in the Rat[J]. Journal of Psychiatric Research, 2016, 82: 109-118.

[137]Martin C R, Osadchiy V, Kalani A, et al.The Brain-gut-microbiome Axis[J]. Cellular and Molecular Gastroenterology and Hepatology, 2018: 133-148.

[138]Feng X, Yosuke U, Lauren K, et al.Exercise Prevents Enhanced Postoperative Neuroinflammation and Cognitive Decline and Rectifies the Gut Microbiome in A Rat Model of Metabolic Syndrome[J]. Frontiers in Immunology, 2017, 8.

[139]Laura C H, Erickson K I, Voss M W, et al.The Effects of Physical Activity on Functional MRI Activation Associated with Cognitive Control

in Children: A Randomized Controlled Intervention[J]. Frontiers in Human Neuroscience, 2013, 7: 72-72.

[140]文世林，夏树花，李怜军，杨阳，谭正则，蒋长好.急性有氧运动对大学生执行功能的影响：来自fNIRS和行为实验的证据[J].天津体育学院学报，2015，30（06）：526-531+537.

[141]文世林，夏树花，李思，蒋长好.急性有氧负荷对老年人执行功能的影响：来自fNIRS和行为实验的证据[J].体育科学，2015，35（10）：37-45.

[142]Ji L, Zhang H, Potter G G, et al.Multiple Neuroimaging Measures for Examining Exercise-induced Neuroplasticity in Older Adults: A Quasi-experimental Study[J]. Frontiers in Aging Neuroscience, 2017, 9.

[143]Veloz M, Amerika W E, Simek A, et al.Reevaluating the Role of LTD in Cerebellar Motor Learning[J]. Neuron, 2011, 70(1): 43-50.

[144]Chen A G, Zhu L N, Yan J, et al.Neural Basis of Working Memory Enhancement after Acute Aerobic Exercise: fMRI Study of Preadolescent Children[J]. Frontiers in Psychology, 2016, 7.

[145]Laura C H, Erickson K I, Voss M W, et al.The Effects of Physical Activity on Functional MRI Activation Associated with Cognitive Control in Children: A Randomized Controlled Intervention[J]. Frontiers in Human Neuroscience, 2013, 7: 72-72.

[146]Praag H V, Christiett B R, Sejnowski T J.Running Enhances Neurogenesis, Learning, and Long-term Potentiation in Mice[J]. Proceedings of the National Academy of Sciences of the United States of America, 1999, 96(23): 13427-13431.

[147]Thomas A G, Dennis A, Bandettini P A, et al.The Effects of Aerobic Activity on Brain Structure[J]. Frontiers in Psychology, 2012, 3(86): 86.

[148]Chen A G, Zhu L N, Yan J, et al.Neural Basis of Working Memory Enhancement after Acute Aerobic Exercise: fMRI Study of Preadolescent Children[J]. Frontiers in Psychology, 2016, 7.

[149]Colcombe S J, Erickson K I, Scalf P E, et al.Aerobic Exercise Training Increases Brain Volume in Aging Humans[J]. Journals of Gerontology, 2006, 61(11): 1166-1170.

[150]Wang D, Zhou C, Chang Y K.Acute Exercise Ameliorates Craving and Inhibitory Deficits in Methamphetamine: An ERP Study[J]. Physiology&Behavior, 2015, 147: 38-46.

[151]Krafft C E, Pierce J E, Schwarz N F, et al.An Eight Month Randomized Controlled Exercise Intervention Alters Resting State Synchrony in Overweight Children[J]. Neuroscience, 2014, 256(Complete): 445-455.

[152]Radim Jurca, et al.Assessing Cardiorespiratory Fitness without Performing Exercise Testing[J]. American Journal of Preventive Medicine, 2005, 29(3): 185-193.

[153]Tsuzuki D, Jurcak V, Singh A K, et al.Virtual Spatial Registration of Stand-alone fNIRS Data to MNI Space[J]. Neuroimage, 2007, 34(4): 1506-1518.

[154]Xiao X, Hao Z, Liu W J, et al.Semi-automatic 10/20 Identification Method for MRI-free Probe Placement in Transcranial Brain Mapping Techniques[J]. Frontiers in Neuroscience, 2017, 11.

[155]Ye J C, Tak S, Jang K E, et al.NIRS-SPM: Statistical Parametric Mapping for Near-infrared Spectroscopy [J]. Neuroimage, 2009, 44(2): 428-447.

[156]Hoshi Y.Functional Near-infrared Optical Imaging: Utility and Limitations in Human Brain Mapping[J]. Psychophysiology, 2003.

[157]Zhang X, Noah J A, Hirsch J.Separation of the Global and Local Components in Functional Near-infrared Spectroscopy Signals Using Principal Component Spatial Filtering[J]. Neurophotonics, 2016, 3(1): 015004.

[158]Grinsted A, Moore J C, Jevrejeva S.Application of the Cross Wavelet Transform and Wavelet Coherence to Geophysical Time Series[J]. Nonlinear Processes in Geophysics, 2004, 11(5-6): 561-566.

[159]Murphy K, Birn R M, Handwerker D A, et al.The Impact of Global Signal Regression on Resting State Correlations: are Anti-correlated Networks Introduced?[J]. Neuroimage, 2009, 44(3): 893-905.

[160]申希平，祁海萍，刘小宁，任晓卫，李娟生.两因素非参数方差分析在SPSS中的实现[J].中国卫生统计，2013，30（6）：2.

[161]Sugano Y, Keetels M, Vroomen J.Audio-motor But Not Visuo-motor Temporal Recalibration Speeds up Sensory Processing[J]. PLOS ONE, 2017, 12(12): e0189242.

[162]Stenner M P, Ostendorf F, Ganos C.Forward Model Deficits and Enhanced Motor Noise in Tourette Syndrome[J]. Brain, 2019, 142(10).

[163]Parsons B D, Novich S D, Eagleman D M.Motor-sensory Recalibration Modulates Perceived Simultaneity of Cross-modal Events at Different Distances[J]. Frontiers in Psychology, 2013, 4: 46.

[164]Krause V, Pollok B, Schnitzler A.Perception in Action: the Impact of Sensory Information on Sensorimotor Synchronization in Musicians and Non-musicians[J]. Acta Psychologica, 2010, 133(1): 28-37.

[165]金鑫虹.体育舞蹈运动员节奏感知的行为特征及其机制研究[D].上海体育学院，2021.

[166]Repp B H, Doggett R, Repp B H, et al.Tapping to A Very Slow Beat: A Comparison of Musicians and Nonmusicians Tapping to A Very Slow Beat

367, 370 Tapping to A Very Slow Beat 371[J]. 2011.

[167]Repp, B H. Sensorimotor Synchronization and Perception of Timing: Effects of Music Training and Task Experience[J]. Hum Mov, 2010, 29(2): 200-213.

[168]Merchant H, Yarrow K.How the Motor System Both Encodes and Influences Our Sense of Time[J]. Current Opinion in Behavioral Sciences, 2016: 22-27.

[169]Frey J N, Ruhnau P, Weisz N.Not So Different after All: the Same Oscillatory Processes Support Different Types of Attention[J]. Brain Research, 2015, 180.

[170]Large E W, Palmer C. Perceiving Temporal Regularity in Music[J]. Cognitive Science, 2002, 26(1): 1-37.

[171]Repp B H.Sensorimotor Synchronization: A Review of the Tapping Literature[J]. 2005, 12(6): 969-992.

[172]Russell A, Barkley.Response Inhibition in Attention-deficit Hyperactivity Disorder[J]. Mental Retardation and Developmental Disabilities Research Reviews, 1999, 5(3): 177-184.

[173]文世林，夏树花，李思，蒋长好.急性有氧负荷对老年人执行功能的影响：来自fNIRS和行为实验的证据[J].体育科学，2015，35（10）：37-45.

[174]文世林，王华.有氧体能对执行功能的影响：一项fNIRS研究[J].首都体育学院学报，2016，28（2）.

[175]Hari R, Kujala M V.Brain Basis of Human Social Interaction: from Concepts to Brain Imaging[J]. Physiological Reviews, 2009, 89(2): 453-479.

[176]Ilan, Goldberg, et al.When the Brain Loses Its Self: Prefrontal Inactivation during Sensorimotor Processing-sciencedirect[J]. Neuron, 2006,

50(2): 329-339.

[177]Xu C, Bryant D M, Reiss A L.fNIRS-based Hyperscanning Reveals Increased Interpersonal Coherence in Superior Frontal Cortex during Cooperation[J]. Neuroimage, 2012, 59(3): 2430-2437.

[178]Xu C, Bryant D M, Reiss A L.fNIRS-based Hyperscanning Reveals Increased Interpersonal Coherence in Superior Frontal Cortex during Cooperation[J]. Neuroimage, 2012, 59(3): 2430-2437.

[179]Brennan, Susan E, Clark, et al.Conceptual Pacts and Lexical Choice in Conversation[J]. Journal of Experimental Psychology, 1996.

[180]Vesper C, Robrecht P R D, Van der Wel, Günther Knoblich, et al.Making Oneself Predictable: Reduced Temporal Variability Facilitates Joint Action Coordination[J]. Experimental Brain Research, 2011, 211(3): 517-530.

成果支撑：王子鑫.高低有氧体能人群感觉运动同步能力及脑间同步的差异[D]. 首都体育学院，2022.（指导教师：文世林）